AF591651

KELLER &
POIRIER
IMP. PARIS

15 mai 1913

# Collection L. Gouilloud

DE YOKOHAMA

# Collection L. Gouilloud

DE YOKOHAMA

COLLECTION L. GOUILLOUD

# Porcelaines de la Chine

## Porcelaines et Poteries du Japon

*Anciennes Porcelaines de Satsuma, etc.*

# Pierres dures

Jades - Cristaux - Agates

## Bois Sculptés du Japon

Arbres nains (Thuya) - etc.

*Dont la vente aura lieu à l'HOTEL DROUOT, Salle n° 10*

Les JEUDI 15, VENDREDI 16

et SAMEDI 17 MAI 1913

à 2 heures

| COMMISSAIRE PRISEUR : | EXPERT |
| --- | --- |
| Me Henri BAUDOIN | M. André PORTIER |
| 10, RUE GRANGE-BATELIÈRE | 24, RUE CHAUCHAT |

chez lesquels se distribue le présent catalogue

**Exposition Privée** chez M. André PORTIER
24, Rue Chauchat

*Les* 9, 10, 11, 12 *et* 13 MAI, *de 9 h. à 6 heures*

**Exposition Publique** à L'HOTEL DROUOT
Salle n° 10

*Le* MERCREDI 14 MAI 1913, *de 1 h. 1/2 à 6 heures*

## CONDITIONS DE LA VENTE

Elle sera faite expressément au comptant.

Les acquéreurs paieront 10 pour 100 en sus des enchères.

L'exposition mettant les amateurs à même de se rendre compte de l'état des objets, il ne sera admis aucune réclamation, une fois l'adjudication prononcée.

*L'expert assistera à l'Exposition publique et se tiendra à la disposition de MM. les Amateurs qui auraient un renseignement à lui demander ou des ordres d'achat à lui confier.*

# Porcelaines de la Chine

1. — Vasque de forme élevée, formée par une potiche coupée, en ancienne porcelaine de la Chine, décorée, en émaux verts, rouges et jaunes, de dragons au milieu des nuages.

   Epoque Ming — Haut. 0 m. 25

2. — Boîte chaufferette rectangulaire en porcelaine bleu et blanc, à décor de motifs fleuris stylisés.

   Daté : Ming Wanli — Diam. 0 m. 20

3. — Grand bol, de forme évasée, décoré, en émaux polychromes, de gracieuses jeunes femmes en des occupations variées à l'intérieur d'une habitation.

   Epoque Kiaking — Diam. 0 m. 20

4. — Bol creux, légèrement évasé, décoré sur fond rouge, de bouquets fleuris stylisés. A l'intéieur, un médaillon fleuri en émaux bleus.

   Daté : Ming Wanli (1573-1620)

5. — Grand bol, de forme évasée, en ancienne porcelaine de la Chine, décoré en émaux quatre couleurs de tables chargées de vase fleuris.

   Daté : Ming Wanli — Diam. 0 m. 20

6. — Grand bol, de forme cotelée, en ancienne porcelaine de la Chine, bleu et blanc, décoré de scènes à personnages variés.

   Daté : Ming Chingwa, mais Kienlong — Diam. 0 m. 20

7. — Bol en ancienne porcelaine de la Chine, blanche, décoré en émaux sang de bœuf de trois chauve-souris.

   Marqué : Ming Suente — Diam. 0 m. 14

8. — Petite boîte en porcelaine de Chine, monochrome, à couverte « poussière de thé ».

   Daté : Ming Suente

9. — Bol de forme évasée en porcelaine blanche, décoré, en émaux bleus, de médaillons de paysage en réserve sur une grecque en relief.

Cachet Ming Kiatsing — Diam. 0 m. 14

10. — Petite boîte à fard en ancienne porcelaine de la Chine, décorée, en émaux verts et rouges, de dragons se poursuivant au milieu des fleurs.

Datée en gravure sous couverte : Ming Wanli — Diam. 0 m. 06

11. — Boîte à fard, en ancien blanc de Chine, gravé sous couverte de motifs fleuris.

Date : Ming Kia Tsing 1522-1567 — Diam. 0 m. 06

12. — Figure en porcelaine, représentant un jeune enfant debout, tenant un vase fleuri.

Epoque Kanghi — Haut 0 m. 30

13. — Vase en forme de gourde à double panse, décoré, sur fond d'émail jaune, en émaux aubergines et bleus, de branches de pêche de longévité.

Epoque Kanghi — Haut. 0 m. 40

14. — Perruche en ancienne porcelaine de la Chine, en émaux verts, aubergine et or.

Epoque Kanghi — Haut 0 m. 19

15. — Un plat en ancienne porcelaine de la Chine, décoré d'une chimère accroupie sur un rocher au bord du ruisseau.

Epoque Kanghi — Diam. 0 m. 34

16. — Un plat en ancienne porcelaine de la Chine, décoré d'un prince entouré de ses serviteurs lui apportant des mets.

Epoque Kanghi — Diam. 0 m. 35

17. — Une assiette en ancienne porcelaine de Chine, à marli dentelé, décoré d'un médaillon à paysage lacustre. Le bord est décoré d'une zone de fleurettes stylisées et de caractères du bonheur.

Epoque Kanghi — Diam. 0 m. 27

18. — Une assiette creuse en ancienne porcelaine de la Chine, décorée en émaux bruns et verts d'un dragon au milieu des nuages.

Epoque Kanghi — Diam. 0 m. 27

19. — Grand bol couvert en porcelaine à couverte corail décoré en or des diverses manières d'écrire le caractère « tcheou ».

Signé : Kanghi

20. — Grand vase à large panse, portant deux anses, têtes d'éléphants, décoré, sur fond gris, d'animaux variés au milieu des rochers, les uns courant, les autres se désaltérant.

Epoque Yungching — Haut. 0 m. 55 Diam. 0 m. 42

21. — Une paire de vases, de forme rouleau, en porcelaine bleu fouetté, décorés en émaux polychromes de scènes des Pa Sien. Le fond bleu fouetté est recouvert d'un décor or vermiculé.

Haut. 0 m. 46

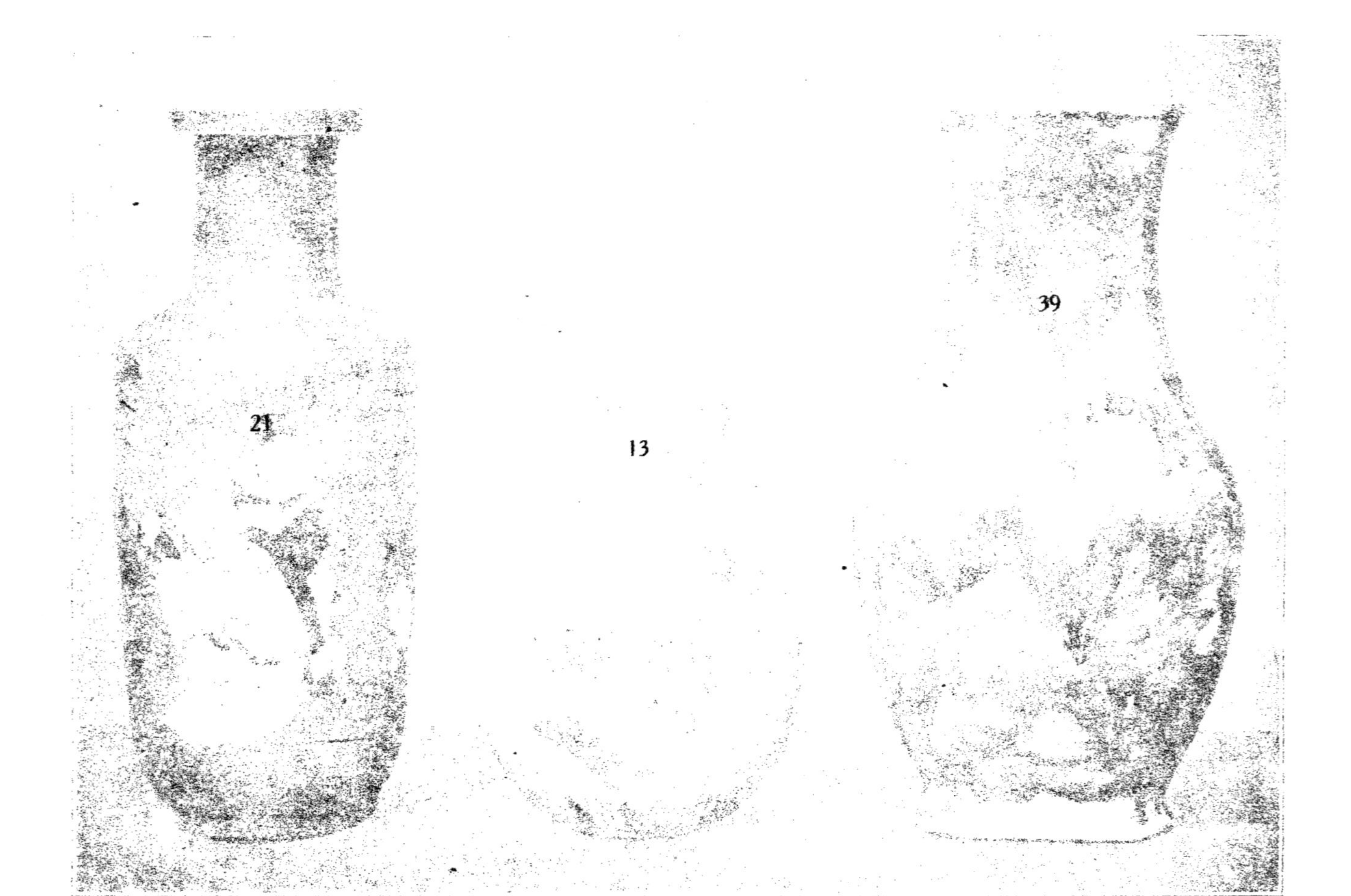
21
13
39

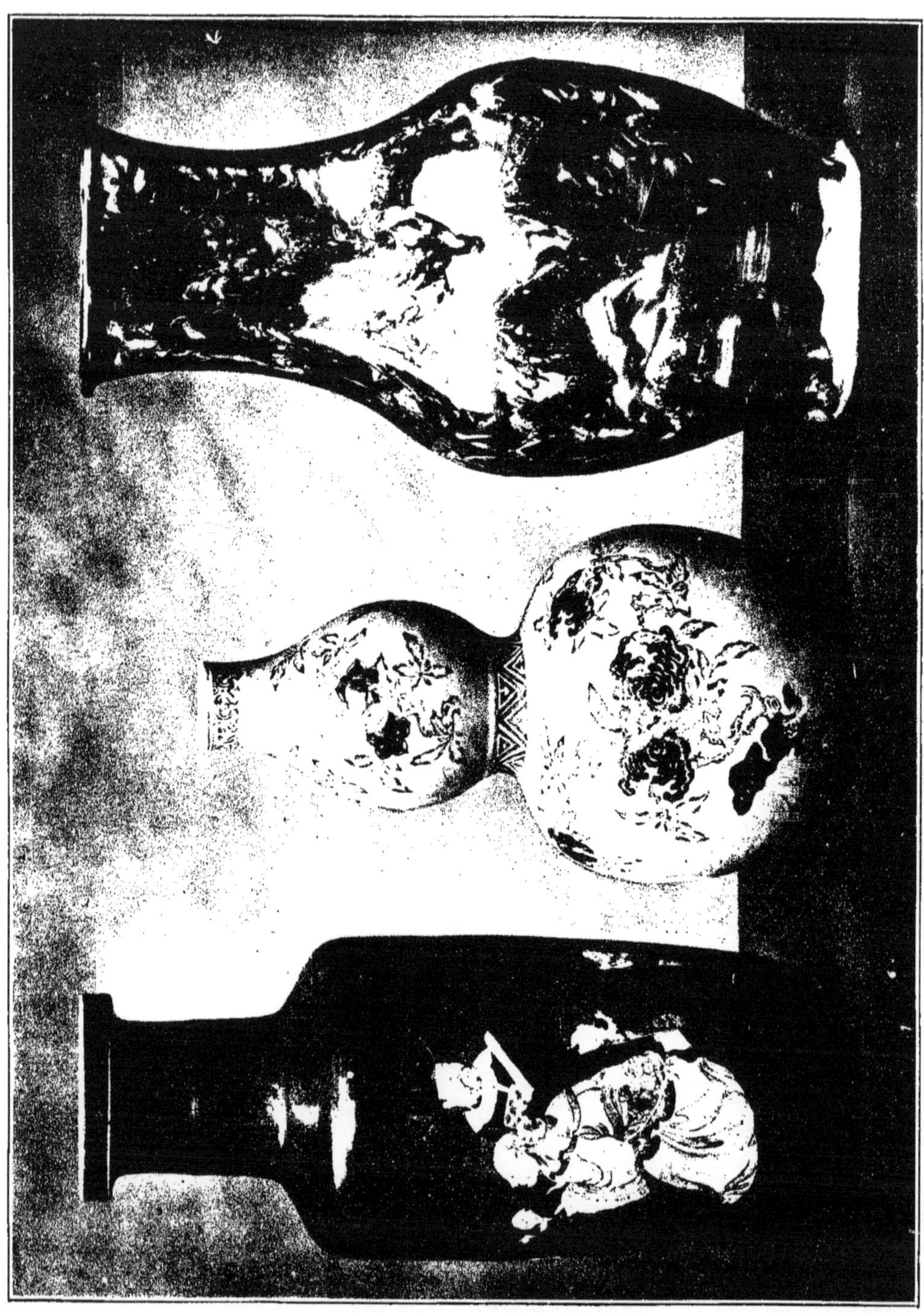

22. — Vase cornet en porcelaine blanche, décoré en émaux capucine rehaussés de vert, sur la panse de deux panneaux représentant des personnages pêchant et causant, et sur le col de deux médaillons fleuris. Rehauts d'émail vert.

Haut. 0 m. 46

23. — Vase en forme de rouleau, en ancienne porcelaine de la Chine, décoré sur fond blanc d'une branche de pivoines et de poésies.

Epoque Yungching — Haut. 0 m. 41

24. — Vase, à panse arrondie et col tubulaire, à couverte monochrome capucine, pailleté argent.

Epoque Yungching — Haut. 0 m. 23

25. — Petit vase cornet en porcelaine bleu clair, gravé sous couverte de palmes et de grecques.

Daté Yungching — Haut. 0 m. 22

26. — Vase à large panse, en ancien blanc de Chine, décoré au col de motifs fleuris en relief.

XVIIe Siècle — Haut. 0 m. 20

27. — Une bouteille à col droit, en porcelaine flammée « arlequin » (émaux manganèse et verts, sur fond bleu nuagé).

Haut. 0 m. 36

28. — Bonbonnière plate et circulaire, décorée en émaux bruns et de deux dragons affrontés poursuivant le joyau Tama au-dessus des flots.

Au dos le cachet Yungching — Diam. 0 m. 16

29. — Grand bol creux, évasé, décoré en émaux bleus sur un fond de vagues stylisées mauves, des Pa Sien, huit génies immortels, avec leurs attributs. A l'intérieur, un médaillon représentant le dieu de la longévité, accompagné du cerf sacré.

Diam. 0 m. 23

30. — Un bol très évasé, décoré sur fond abricot de deux dragons verts serpentant au milieu de flammes rouges.

Marqué Ming Suente, mais de l'Epoque Yungching — Diam. 0 m. 22

31. — Bol creux en ancienne porcelaine de la Chine, à décor polychrome de personnages et de motifs fleuris.

Marqué Ming Wanli, mais XVIIe Siècle — Diam. 0 m. 13

32. — Bol creux en ancienne porcelaine bleu et blanc de la Chine, à décor de rinceaux fleuris stylisés.

Marqué Ming Chingwa, mais de l'Epoque Yungching — Diam. 0 m. 15

33. — Une paire de bols creux largement évasés en ancienne procelaine de la Chine, décorés en émaux bleus sur fond de vagues stylisées mauves, des Pa Sien.

Marqué Ming Chingwa, mais Yungching — Diam. 0 m. 23

34. — Grand bol creux, en ancienne porcelaine de la Chine, décoré de fleurs et d'oiseaux.

Daté Ming Chingwa, mais Yungching — Diam. 0 m. 27

35. — Bol en ancien blanc de Chine, gravé, sous couverte, de phénix.

Marqué Ming Kiaking, mais Yungching — Diam. 0 m. 18

36. — Un bol de forme évasée, en porcelaine bleu et blanc, le dessous imitant une fleur de lotus.

Fin du XVII^e Siècle

37. — Théière en ancienne porcelaine de la Chine, décorée dans le style persan d'ornements stylisés et de palmes.

Epoque Yungching — Haut 0 m. 22

38. — Une paire de petites tasses en ancienne porcelaine de la Chine, décorées, dans une harmonie de bleus et de verts, d'un couple de faisans sur les rochers, au milieu des chrysanthèmes.

Daté Yungching — Diam. 0 m. 10

39. — Très beau vase balustre, en porcelaine flambée, à émaux bruns et rouges.

Epoque Kienlong — Haut. 0 m. 46

40. — Brûle-parfums tripode, en ancienne porcelaine de la Chine, à émaux turquoise et or, imitant le cloisonné.

Epoque Kienlong — Haut. 0 m. 40

41. — Un vase à large col, en ancien blanc de Chine, décoré en haut-relief d'une sorte de salamandre.

XVIII^e Siècle — Haut. 0 m. 18

42. — Une bouteille à col droit et évasé, en porcelaine sang de bœuf flammée bleu.

Jolie pièce restaurée au col — Haut. 0 m. 35

43. — Bouteille à sol droit, s'évasant, en porcelaine sang de bœuf.

Au dos un cachet illisible — Haut. 0 m. 32

44. — Un vase de panse hexagonale, en porcelaine craquelée, flammée bleu.

Joli socle en bois sculpté et niellé — Haut. 0 m. 33

45. — Bouteille à col tubulaire, en ancienne porcelaine céladon craquelée de la Chine, décorée de taches d'émaux flambés rouges et violets.

Epoque Kienlong — Haut 0 m. 37

46. — Bouteille, à large panse, le col tubulaire, en porcelaine bleu fouetté, décoré, en réserve, de trois poissons en émaux rouges.

XVIII^e Siècle — Haut. 0 m. 40

47. — Grand vase en forme de cornet, en ancienne porcelaine de la Chine, imitant le laque rouge tsuichu, décoré en réserve de deux panneaux à décor fleuri.

Epoque Kienlong — Haut. 0 m. 68

23

40

22

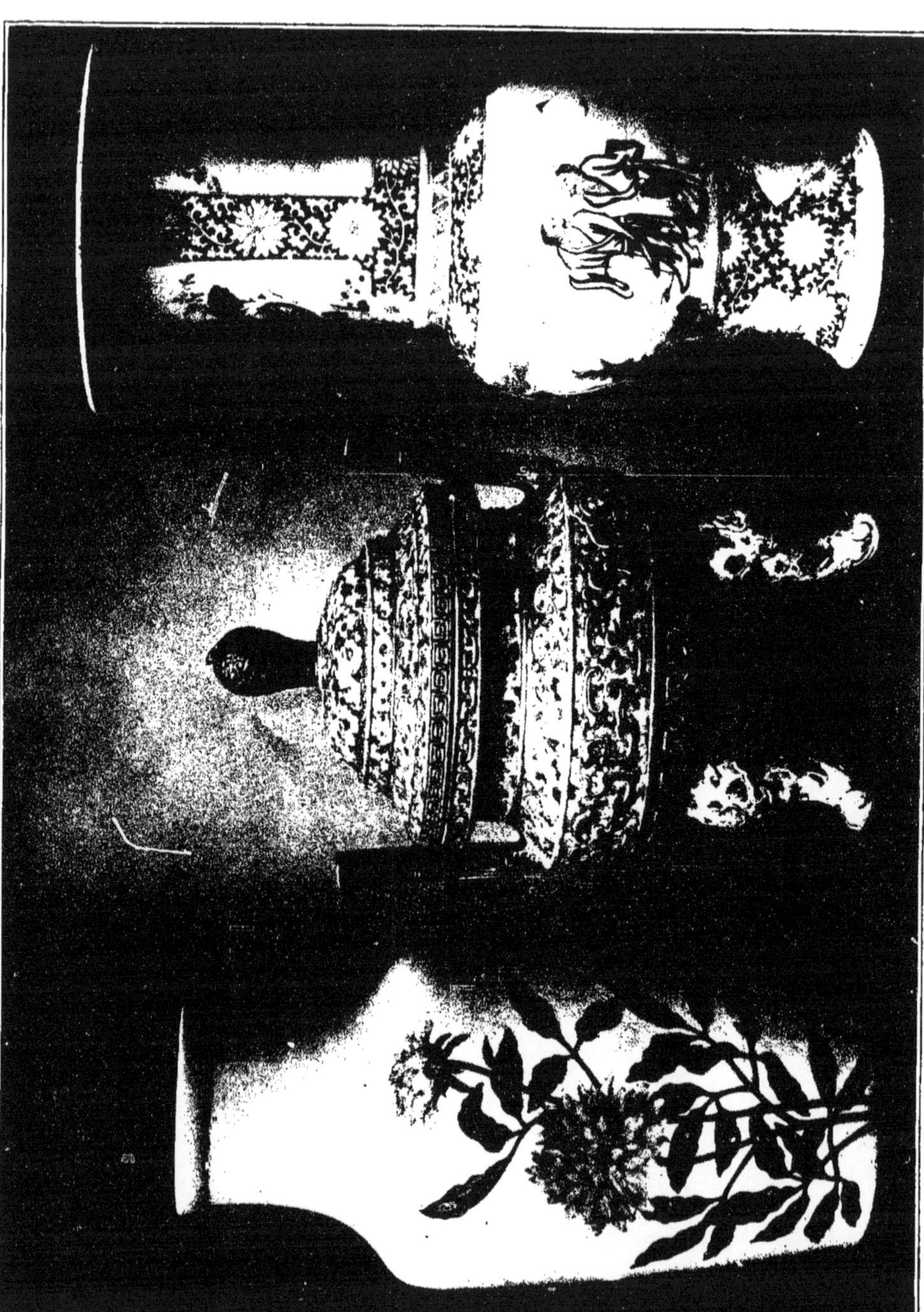

48. — Vase, de forme quadrilatérale, à couverte monochrome, dite « poussière de thé ».

Epoque Kienlong — Haut. 0 m. 40

49. — Un vase à panse piriforme renversée, en porcelaine monochrome corail.

Marque au dos Ching-Hua — Haut. 0 m. 29

50. — Grande bouteille à col tubulaire, en porcelaine monochrome bleu de Perse. *Socle en bois sculpté.*

Marqué au dos Kienlong — Haut. 0 m. 80 Larg. 0 m. 45

51. — Vase en forme de rouleau, le col évasé, en porcelaine blanche, décorée en émaux bleus et manganèse, d'un poisson sortant des flots. Au col, la lune émergeant des nuages.

Haut. 0 m. 38

52. — Petit vase cornet, en ancien blanc de Chine, portant en relief, sur la panse, le décor des huit symboles bouddhiques au-dessus d'un motif de chrysanthèmes stylisés. Légère restauration au col.

Marqué Ming Chengte — Haut. 0 m. 22

53. — Un vase en forme de bouteille à large panse, à couverte brune « poussière de thé ». Le col est cerclé d'un motif fleuri décoratif, en argent ajouré et ciselé.

Epoque Kienlong — Haut 0 m. 35

54. — Petit vase à large panse, en porcelaine craquelée vert pomme. Le col est flanqué de deux anses à têtes de chimères.

Epoque Kienlong — Haut. 0 m. 12

55. — Bouteille, de panse piriforme, en porcelaine flambée vert sur fond à petites craquelures.

Epoque Kienlong — Haut. 0 m. 32

56. — Une bouteille en forme d'une citrouille, en porcelaine blanche avec coulures d'émaux flammés verts et rouges.

XVIIIe Siècle — Haut. 0 m. 20

57. — Vase cornet, à col très évasé, en ancienne porcelaine bleu fouetté rehaussé d'or, à décor de panneaux fleuris stylisés.

Epoque Kienlong — Haut. 0 m. 40

58. — Figure, en ancien blanc de Chine, représentant un personnage barbu, assis, un sceptre dans les mains. Il est vêtu d'une robe gravée sous couverte, de motifs de vagues et de nuages.

Epoque Kienlong — Haut. 0 m. 34

59. — Figurine, en ancienne porcelaine de la Chine, représentant Hoteï, accroupi, demi-nu et souriant.

Epoque Kienlong — Haut. 0 m. 14

60. — Figure, en ancien blanc de Chine, représentant l'Empereur chinois Kanwo, assis sur un rocher, vêtu d'une robe gravée sous couverte de rochers et de nuages.

Epoque Kienlong — Haut. 0 m. 34

61. — Petit brûle-parfums tubulaire, en ancien blanc de Chine, craquelé.
Epoque Kienlong

62. — Petit brûle-parfums, en porcelaine flambée, chinée gris et bleu.
Epoque Kienlong Diam. 0 m. 12

63. — Bol de forme très évasée, en ancienne porcelaine bleu fouettée de la Chine, décorée en or de branches fleuries.
Epoque Kienlong Diam. 0 m. 20

64 — Bol, de forme assez évasée, en ancienne porcelaine de Chine, décorée en polychromie de dragons et d'oiseaux stylisés au milieu des fleurs.
Cachet Kienlong Diam. 0 m. 16

65. — Grand bol à couverte extérieure brun chocolat, décoré intérieurement de motifs fleuris gravés sous couverte et de médaillons de fleurettes polychromes.
Diam. 0 m. 19

66. — Grand bol, de forme évasée, décoré extérieurement, sur fond rose, de motifs fleuris en léger relief carmin.
Date Kienlong Diam. 0 m. 18

67. — Un bol, à panse surbaissée, le col supportant deux anses boucles, en ancienne porcelaine flambée, à tonalités bleues et rouges.
Epoque Kienlong Diam. 0 m. 20

68. — Un bol, en porcelaine blanche, lobé, imitant un lotus épanoui.
Date Kienlong Diam. 0 m. 13

69. — Une assiette, en ancienne porcelaine céladon, craquelée, de la Chine. Elle est décorée en émaux polychromes d'un vase garni d'un bouquet fleuri.
Epoque Kienlong Diam. 0 m. 27

70. — Une assiette en ancienne porcelaine de la Chine, à fond bleu lapis, décorée en émaux d'or de trois enfants jouant; autour de ce médaillon, une zone de chrysanthèmes stylisés.
Epoque Kienlong Diam. 0 m. 20

71. — Petite jardinière, de corps octolobé, en porcelaine craquelée et flambée, céladon et sang de bœuf.
Haut. 0 m. 14

72. — Jardinière à couverte sang de bœuf.
Date Kanghi, mais Kienlong Diam. 0 m. 20

73. — Vase rouleau, en porcelaine de la Chine, décoré, sur fond vert, d'ornements en relief, représentant des vases fleuris et des animaux divers.
Haut. 0 m. 42

74. — Vase à panse ovoïde, en porcelaine flambée, décorée, en émaux bleus, verts et rouges, d'effets nuageux.
Haut. 0 m. 43

75. — Vase à panse quadrangulaire, en porcelaine de Chine monochrome céladon.

Haut 0 m. 50

76. — Bol, de forme évasée, à couverte monochrome jaune impérial.

Cachet Taokuang 1821-1851 Diam. 0 m. 16

77. — Bol creux, portant deux anses, décoré, sur fond rouge, de médaillons d'ornements stylisés en réserves polychromes.

Cachet Taokuang Diam. 0 m. 15

78. — Petite bonbonnière, en ancienne porcelaine de la Chine, décorée, en émaux bleus, d'une scène à personnages.

Diam. 0 m. 05

79. — Vase rouleau, à fond capucine, décoré en réserves de médaillons de paysages et de fleurs.

Copie de pièce Kanghi Haut. 0 m. 47

80. — Vase rouleau, à décor de médaillons fleuris, cinq couleurs.

Copie de pièces Kanghi Haut. 0 m. 46

81. — Vase en forme de bouteille, décoré de médaillons cinq couleurs, de fleurs et d'oiseaux.

Copie de pièces Kanghi Haut. 0 m. 46

82. — Grand vase en forme de cornet, décoré, en émaux polychromes, dans le style Kanghi, de jolis bouquets fleuris.

Copie de pièce Kanghi Haut. 0 m. 70

83. — Vase, de forme fuselée, à couverte monochrome sang de bœuf.

Haut. 0 m. 40

84. — Bol, à double corps, de forme évasée, et à bords dentelés, décoré, sur fond corail, en réserves blanches, de branches de cerisiers en fleurs.

Date Kiaking 1796-1821 Diam. 0 m. 18

85. — Grand bol, de forme évasée, en porcelaine blanche décorée en polychromie, de personnages dans une habitation et de poésie.

Epoque Hienfong Diam. 0 m. 18

---

86. — Un bol, en porcelaine siamoise, décoré, sur fond noir, de divinités devant des auréoles au milieu des flammes.

Jolie pièce, fin du XVIIe Siècle Diam. 0 m. 14

# Porcelaines et Poteries du Japon

## SATSUMA

87. — Très beau groupe en ancienne poterie de Satsuma, représentant les trois dégustateurs de saké.

Groupés autour d'une jarre à saké, les trois sages, Roshi (Lao-Tsé), Saka (Bouddha) et Koshi (Confucius) trempent leurs doigts dans la liqueur et goûtent... leurs visages reflétant des expressions diverses.

Quoique la liqueur vienne de la même jarre, elle affecte les trois personnages de façons différentes : ainsi la vérité, quoique émanant de la même source, peut être rapportée différemment suivant la bouche qui la transmet.

Très beau groupe du XVIIIe Siecle — Haut. 0 m. 33

88. — Petit vase, en *ancienne* porcelaine craquelée de Satsuma, décoré, en émaux rouges et verts, de paysages et de fleurs. *Pièce très rare.*

Début du XVIIIe Siécle — Haut. 0 m. 14

89. — Pot à thé, en forme de boule, en *ancienne* porcelaine de Satsuma, finement traitée, décoré de branches de cerisiers en fleurs. Couvercle en ivoire. *Très jolie pièce.*

Debut du XVIIIe Siecle — Diam. 0 m. 09

90. — Vase de forme tubulaire, à goulot court, en *ancienne* procelaine craquelée de Satsuma, décoré, en émaux rouges et or, d'une haie fleurie de chrysanthèmes.

XVIIIe Siecle — Haut. 0 m. 14

91 — Boîte à thé, de forme cylindrique, en ancienne porcelaine de Satsuma, décorée de motifs fleuris.

XVIIIe Siècle — Diam. 0 m. 09

92. — Une paire de grandes potiches couvertes, la panse hexagonale, en Satsuma, décorées, sur chaque face, d'un oiseau Hôo, et de rinceaux fleuris stylisés.

Jolies pièces tres décoratives — Haut. 0 m. 90

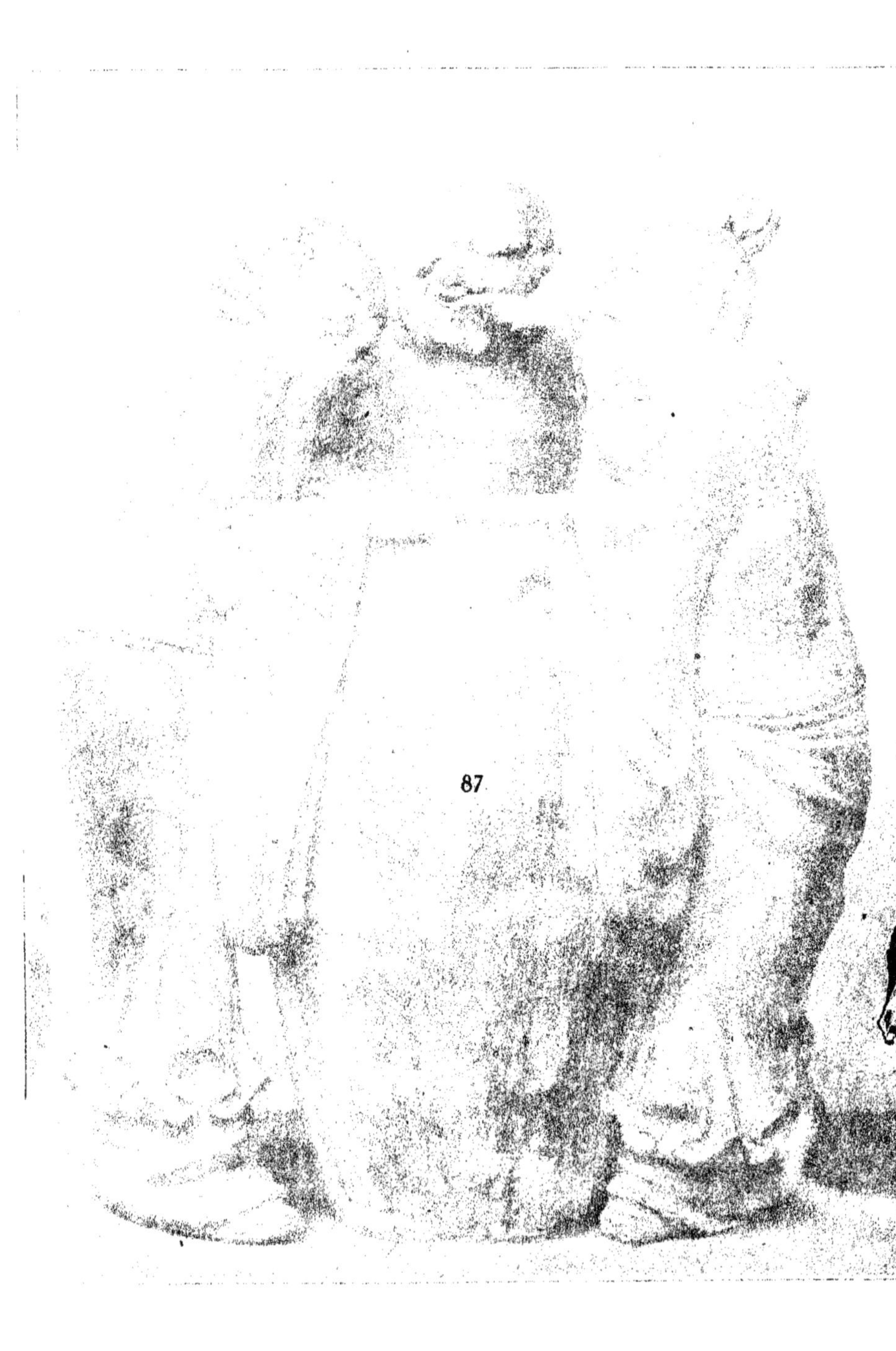

91.

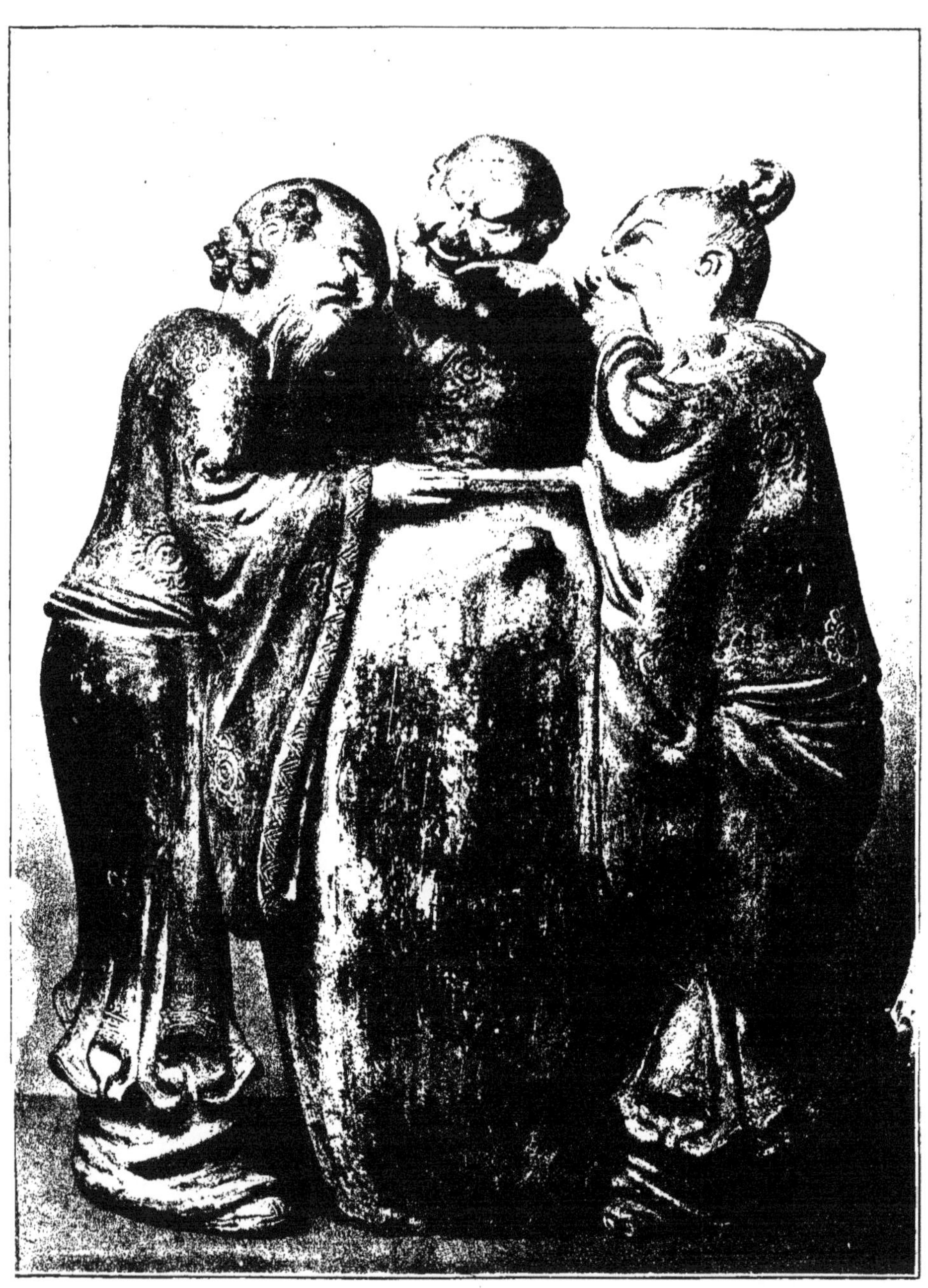

93. — Grand brûle-parfums, formé d'une vasque, en porcelaine craquelée de Satsuma, décoré de branches de pivoines fleuries. L'épaulement supporte deux anses en forme de têtes de chimères. Couvercle en métal ajouré, supportant trois médaillons en cuivre, shakudo et bronze niellés d'argent et décorés d'émaux translucides.

Diam. 0 m. 27

94. — Théière à panse octolobée, décorée, sur chaque lobe, de motifs floraux stylisés en émaux verts et rouges. L'extrémité du déversoir porte un anneau de shakudo. *Couvercle en ivoire.*

Satsuma XVIIIe Siècle — Diam. 0 m. 16

95. — Brûle-parfums en porcelaine de Satsuma, à décor de branches de pivoines. Le col est flanqué de deux anses mascarons à têtes de chimères. Couvercle en métal argenté et grillagé, décoré en application de papillons.

Diam. 0 m. 16

96. — Petit brûle-parfums en ancienne porcelaine de Satsuma, décoré de fleurettes et de branches de pins. Couvercle ajouré surmonté d'une chimère.

Signé : Peint par Shioho Jurakusai — Haut. 0 m. 14

97. — Bol creux, à bords droits, finement décoré, en polychromie, des sept sages dans la forêt de bambou : Genshiki, Genkan, Keiko, Kioshin, Oju, Santo et Riureï.

Diam. 0 m. 10

98. — Bol pitong, en ancienne porcelaine de Satsuma, décoré, sur fond craquelé, de bouquets de chrysanthèmes stylisés.

Haut. 0 m. 09

99. — Petite bouteille à saké, la panse cotelée, en ancienne porcelaine craquelée de Satsuma, à décor de fleurettes polychromes. Bouchon en bois.

Haut. 0 m. 15

100. — Grand vase à panse tubulaire, en porcelaine craquelée de Satsuma, décoré en polychromie d'une haie de chrysanthèmes épanouis.

Haut. 0 m. 49

101. — Petit pot à thé, en ancienne poterie de Satsuma, à couverte monochrome, blanc ivoirin.

102. — Petit brûle-parfums, supporté par trois pieds, en porcelaine de Satsuma, décoré de deux médaillons de fleurs stylisées. Couvercle ajouré surmonté d'une chimère.

Haut. 0 m. 16

103. — Coupe plate, de forme ovale, à marli dentelé, décorée d'une chimère jouant avec une sphère enrubannée.

Satsuma — Diam. 0 m. 15

104 — Coupe plate, évasée, en porcelaine de Satsuma, décorée d'un oiseau dans les branches fleuries, encadrant le signe du bonheur.

Diam. 0 m. 15

105. — Petit pot à parfums, en porcelaine craquelée de Satsuma, décoré, en émaux polychromes rehaussés d'or, de symboles bouddhiques.

Couvercle d'ivoire — Haut. 0 m. 06

106. — Petite coupe plate, à bords dentelés, décorée, en polychromie et or, d'un bouquet de chrysanthèmes près d'une haie. Bordure à décor de fleurettes réservées sur fond noir.

Porcelaine de Satsuma — Diam. 0 m. 15

107. — Petit bol à bords droits, en porcelaine de Satsuma, décoré d'un bouquet d'iris et de branches de cerisiers en fleurs.

Diam. 0 m. 09

108. — Petit bol, de forme évasée, en porcelaine de Satsuma, décoré, en émaux polychromes rehaussé d'or, d'un semis de fleurs.

Diam. 0 m. 10

109. — Bol, très ouvert, en porcelaine de Satsuma, décoré extérieurement, en émaux polychromes, de jolis bouquets d'herbes d'automne. A l'intérieur, une zone d'ornements géométriques.

Diam. 0 m. 13

110. — Bol, de forme cintrée, en porcelaine craquelée de Satsuma, décoré, en émaux polychromes, d'éventails fleuris.

Diam. 0 m. 10

111. — Bouteille, de forme élégante, la panse piriforme, en porcelaine de Satsuma, le col flanqué de deux anses dragons. Du col tombe un décor disposé en pendentif, en émaux d'or; sur la panse une zone d'ornements géométriques en émaux verts, rouges et or.

Haut. 0 m. 25

112. — Bol creux, légèrement évasé, en porcelaine de Satsuma, décoré sur fond crème craquelé de branches de bambous en émaux verts et or, avec semis de chrysanthèmes (mon impérial).

Diam. 0 m. 12

113. — Bol, de forme cabossée, en porcelaine de Satsuma, décoré de motifs fleuris.

Diam. 0 m. 11

114. — Bol, en porcelaine de Satsuma, décoré, sur fond à petites craquelures, d'une haie fleurie de chrysanthèmes.

Diam. 0 m. 11

115. — Grosse théière, en porcelaine de Satsuma, décorée de bouquets de pivoines, en émaux polychromes.

Diam. 0 m. 26

90

88

89

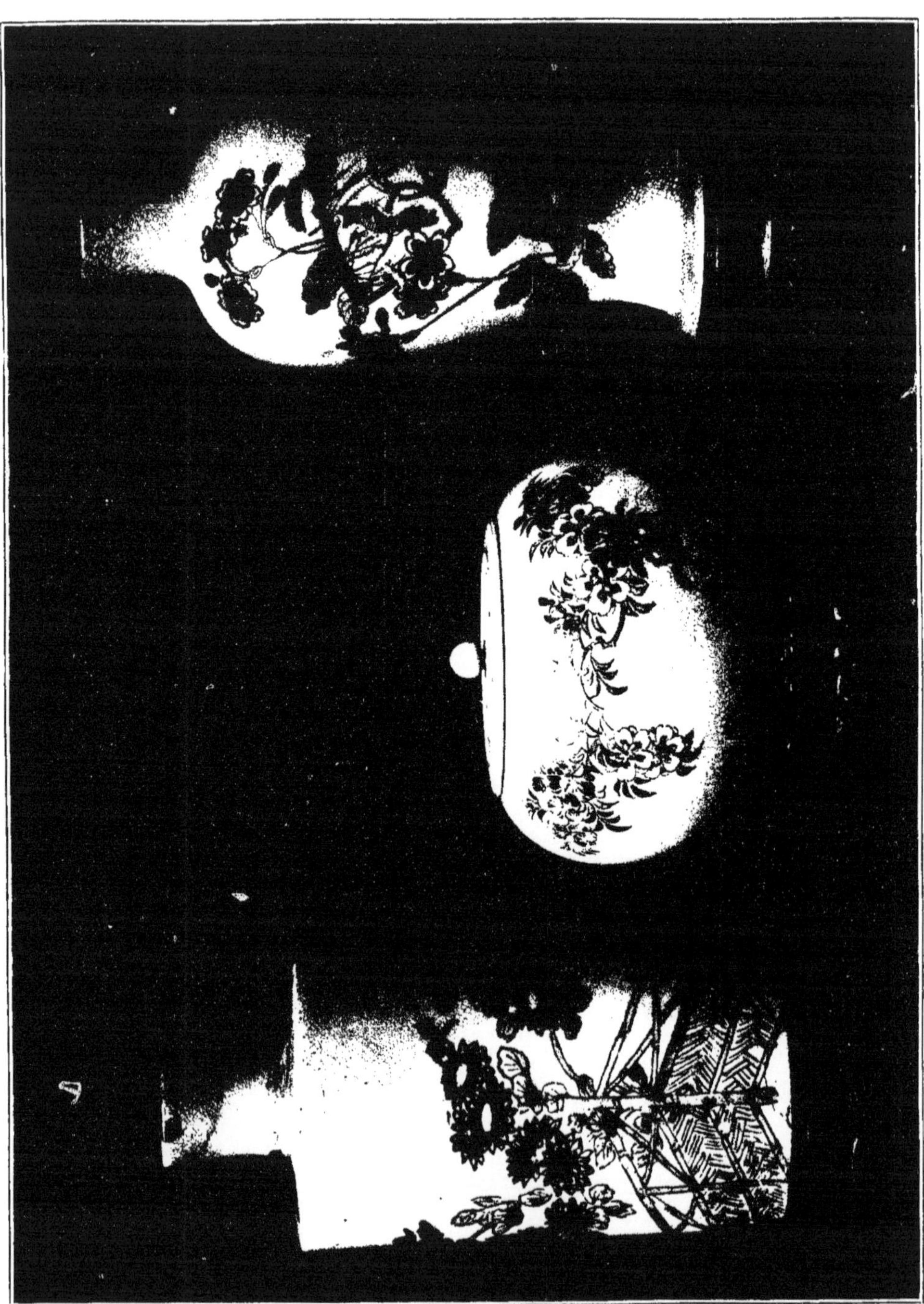

116. — Théière, en porcelaine craquelée de Satsuma, à décor de pivoines et de chrysanthèmes.

117. — Brûle-parfums, en porcelaine blanche de Satsuma, décoré à l'épaulement d'une zone de grecques. Couvercle ajouré, même matière, surmonté d'une chimère accroupie.

Haut. 0 m. 18

118. — Vase cornet, le col coupé, en ancienne poterie de Satsuma, décoré, sur couverte brune, de coulées d'émaux bleus.

Haut. 0 m. 30

119. — Cache-pot, en forme d'un sceau, en porcelaine craquelée de Satsuma, décoré de motifs fleuris.

Haut. 0 m. 26

120. — Bol en porcelaine de Satsuma, à décor fleuri de bambous, pruniers et pins.

Diam. 0 m. 12

121. — Assiette à bord dentelé, en ancienne poterie de Satsuma, décorée sur le feston du bord de branches de pivoines et au centre d'oiseaux Hôo.

Diam. 0 m. 18

122. — Bol évasé, en terre de Satsuma, à couverte gris souris, à larges craquelures.

XVIIe Siècle

123. — Un bol en porcelaine craquelée de Satsuma, décoré, sur fond crème, de bouquets fleuris.

Diam. 0 m, 11

124. — Un petit vase cornet, en porcelaine de Satsuma, à décor fleuri.

Haut. 0 m. 10

125. — Une théière en porcelaine de Satsuma, à décor fleuri.

126. — Une tasse en ancienne porcelaine de Satsuma, décorée en émaux noirs, de rinceaux fleuris.

Diam. 0 m. 08

127. — Un bol en porcelaine de Satsuma, à décor fleuri.

Diam. 0 m. 12

128. — Un bol très évasé, en porcelaine de Satsuma, à décor de pivoines.

Diam. 0 m. 14

129. — Petit brûle-parfums trépied, en poterie de Satsuma, décoré d'une haie fleurie de gracieux chrysanthèmes.

Haut. 0 m. 07

## IMARI

130. — Vase en forme d'une cloche renversée, en ancienne porcelaine d'Imari, décoré de branchages d'un beau bleu, avec fleurs polychromes en relief.

Très beau spécimen de l'Epoque Guenroku 1688-1703 Haut. 0 m. 25

131. — Grande aiguière en ancienne porcelaine d'Imari, décorée de branches chargées de fleurs et de fruits, en émaux bleus, rouges et or.

Haut. 0 m. 35

132. — Grande potiche en porcelaine d'Imari, à joli décor fleuri. Couvercle en laque rouge portant le mon des Tokugawa en laque d'or.

Haut. 0 m. 70

133. — Un plat à barbe, en ancienne porcelaine d'Imari, décoré intérieurement d'un bouquet de chrysanthèmes et sur le marli, d'un rayonnement rouge et blanc imitant les pétales d'un chrysanthème.

Diam. 0 m. 25

134. — Bol couvert en ancienne porcelaine du Japon, décoré, en émaux polychromes, de branches fleuries et de chrysanthèmes, rehaussés d'or.

Porcelaine d'Imari Diam. 0 m. 13

135. — Brûle-parfums tripode, formé d'une vasque tubulaire, supportée par trois pieds à tête de chimères. La panse est décorée de deux médaillons de chimères et de pivoines se détachant en émaux rouges, verts et ors, sur le fond noir. Couvercle en argent ajouré, de feuilles de bambous et de branches de chrysanthèmes.

Ancienne porcelaine d'Imari Diam. 0 m. 20

136. — Brûle-parfums en ancienne porcelaine d'Imari, représentant une chimère accroupie, la gueule béante.

Long. 0 m. 18

137. — Boîte à parfums, de forme tubulaire, en porcelaine rouge corail, décorée en or de rinceaux stylisés avec réserves de médaillons à décor de fleurs variées, en émaux polychromes d'une grande finesse.

Porcelaine d'Imari Haut. 0 m. 08 1/2

138. — Petite boîte de forme tubulaire, à deux compartiments, en porcelaine d'Imari, à décor de rosaces et de fleurettes stylisées.

Haut. 0 m. 04

139. — Petite potiche en ancienne porcelaine d'Imari, bleu fouetté, décorée en réserve de médaillons à personnages. Couvercle en argent ciselé, enrichi d'émaux cloisonnés anciens.

Haut. 0 m. 16

140. — Une paire de bols creux, de forme octogonale, en ancienne porcelaine d'Imari, à décor de médaillons fleuris, sur fond vermiculé rouge.

Diam. 0 m. 15

141. — Une potiche couverte, la panse cotelée, joliment décorée, en émaux polychromes, de scènes à personnages réservées au milieu d'un décor fleuri stylisé.

Imari Haut. 0 m. 33

142. — Une assiette, à bord dentelé, en ancienne porcelaine d'Imari, à décor de médaillons de petits personnages réservés sur fond bleu.

Diam. 0 m. 23

143. — Un joli compotier en ancienne porcelaine d'Imari, décoré, en émaux polychromes, du signe du bonheur qu'entoure un riche décor de fleurettes, de chimères et de symboles bouddhiques.

Diam. 0 m, 24

144. — Grande coupe à gâteaux en ancienne porcelaine d'Imari, décorée de bandes horizontales de tonalités différentes, sur lesquelles se détachent, en relief, des chrysanthèmes rehaussés d'or. Très riche décor également à l'intérieur.

XVIIIe Siècle Diam. 0 m. 30

145. — Brûle-parfums, en porcelaine céladon d'Imari, décoré, en relief, de fleurettes stylisées, en émaux verts, rouges et or. Les anses sont formées par deux fruits enfeuillagés. Couvercle ajouré, surmonté d'une fleur épanouie, d'une grande finesse d'exécution.

Diam. 0 m. 16

146. — Bol couvert en ancienne porcelaine d'Imari, à décor de personnages divers de style hollandais.

Marque Chinoise Ming Wanli Diam. 0 m. 13

147. — Bol à thé couvert, en porcelaine d'Imari, bleu soufflé, décoré en réserves de médaillons fleuris.

148. — Tchaire, à couvercle d'ivoire, en porcelaine, décorée, sur fond or, de chrysanthèmes et de pivoines.

Imari

149. — Une théière en ancienne porcelaine d'Imari, décorée d'enfants jouant.

150. — Vase-applique en ancienne procelaine d'Imari, représentant un Shojo, aux cheveux rouges, soulevant une jarre à saké.

Haut. 0 m. 19

151. — Un tchaire en porcelaine d'Imari.

Haut. 0 m. 87

152. — Un drageoir, en forme d'éventail, en ancienne porcelaine d'Imari, à décor fleuri.

Diam. 0 m. 30

153. — Une assiette de forme irrégulière, en porcelaine d'Imari, représentant une femme aux longs cheveux dénoués.

Diam. 0 m. 29

154. — Une assiette en porcelaine d'Imari, à décor de motifs fleuris et d'ornements stylisés.

Diam. 0 m. 20

155. — Une paire de vases cornet, en porcelaine d'Imari, l'épaulement portnat deux anses à têtes d'éléphants, avec anneaux mobiles, décorés sur la panse de médaillons à personnages, finement exécutés.

XIXe Siècle — Haut. 0 m. 50

156. — Deux figures de jeunes femmes, debout, en porcelaine d'Imari.

Haut 0 m. 40

---

## NINSEI

157. — Un très beau bol en poterie à couverte noire, décoré d'une zone de grecques rouges alternativement sur carré argent ou or, et d'une frise de petits ornements carrés, rouges ou argent sur fond or.

Cachet de Ninsei, très jolie pièce

158. — Bol creux, à bord droit en ancienne porcelaine du Japon, décoré au col d'une zone d'ornements fleuris stylisés.

Cachet de Nonomura Ninsei, établi à Kioto vers 1650
Couvercle en ivoire — Diam. 0 m. 09

159. — Boite ronde et plate, en porcelaine polychrome décorée d'un médaillon de dragon entouré de douze petits panneaux polychromes, renfermant chacun un des douze animaux du zodiac.

Cachet de Ninsei — Diam. 0 m. 11

160. — Petit brûle-parfums de panse arrondie, à décor de chimères dans les pivoines, en émaux verts, rouge et mauve. Couvercle ajouré de trois fruits en forme de gourdes.

Jolie pièce portant au dos le cachet de Ninsei — Diam. 0 m. 08

161. — Vase en forme de boule, décoré sur fond capucine, en réserves, d'un semis de feuilles en émaux polychrome.

Cachet Ninsei — Haut. 0 m. 20

162. — Un brûle-parfums en poterie, à décor de fleurs. Couvercle en bronze découpé.

Ninsei — Diam. 0 m. 12

163. — Vase, de panse ovoïde, en porcelaine crémeuse, décoré en relief d'iris fleuris et de zones brunes.

Style de Ninsei — Haut. 0 m. 40

164. — Une petite boîte à fards, en poterie de Ninsei, représentant Fukurokujiu en buste.

165. — Un tchaire en poterie, partiellement émaillé.

Cachet de Ninsei

166. — Petite boîte ayant l'aspect d'une gourde, en porcelaine craquelée, à décor de feuilles.

Cachet de Ninsei

167. — Deux petits vases en forme de gourdes à double panse, décorées l'une de rinceaux stylisés en réserve sur fond rose, l'autre de fleurettes sur fond crème craquelé.

Ninsei et Satsuma — Haut. 0 m. 10

---

## KUTANI

168. — Deux plats formant pendants, en ancienne porcelaine de Kutani, décorés de carpes nageant autour d'un tronc de bambou.

Cachet Kutani — Diam. 0 m. 31

169. — Un bol en ancienne porcelaine de Kutani, décoré sur fond corail, en réserve, de nombreux personnages en procession, suivant un enfant.

Cachet de Mokubeï — Diam. 0 m. 16

170. — Petit vase en forme de gourde à double panse, à couverte rouge, décoré en réserve de chrysanthèmes stylisés.

Porcelaine de Kutani, peinte par Mokubeï — Haut. 0 m. 14

171. — Un plat creux en poterie de Kutani, à décor fleuri.

Diam. 0 m. 32

172. — Une assiette en porcelaine de Kutani, décorée d'un paon réservé sur un fond vermiculé bleu.

Diam. 0 m. 23

173. — Bouteille, à panse élevée, en ancienne porcelaine de Kutani, décorée en réserve sur fond résillé brun, de feuilles d'asarum.

Haut. 0 m. 25

174. — Grand bol creux, en porcelaine, à fond corail, décoré en réserve, de petits médaillons, de paysages au-dessus des flots. A l'intérieur, des panneaux variés avec caractères et un médaillon représentant une grue au milieu des nuages.

Au dos un cachet Kutani, Fuku (bonheur) — Diam. 0 m. 17

175. — Chimère assise, l'air menaçant, la gueule entr'ouverte, laissant voir les dents.

Porcelaine de Kutani — Haut. 0 m. 25

176. — Un bol en ancienne porcelaine de Kutani, décoré de motifs variés, sur fond corail, avec réserves de petits panneaux fleuris sur fond noir.

Au revers le cachet de Minzan

177. — Petit vase à large panse ovoïde, décoré en émaux rouges et or de caractères et de motifs fleuris.

Cachet de Kutani — Haut. 0 m. 10

178. — Petit brûle-parfums, en forme d'un losange, à couverte vert d'eau.

Kutani Diam. 0 m. 09

179. — Un tchaire en porcelaine de Kutani, décoré en émaux roses et or d'un paon au milieu des pivoines.

---

## RAKU

180. — Un brasero à anse, en forme de corbeille (Shi-rai), en poterie à couverte dorée, décorée en relief blanc de chrysanthèmes stylisés. Au revers, le cachet de Raku.

Jolie pièce

181. — Figure en poterie de Raku, représentant Hotei, ventru et souriant, accroupi contre son sac aux richesses dont il presse le col sous son bras. A l'intérieur, une inscription :

Fait par Takahaschi Dohachi Haut. 0 m. 30

182. — Bol à thé en poterie de Raku, à couverte crème.

183. — Un bol en poterie rougeâtre.

Raku

184. — Un bol en poterie rougeâtre à taches verdâtres.

Raku

185. — Un bol en poterie, partiellement émaillé brun à taches rouges.

Cachet de Raku

186. — Un bol en poterie rougeâtre, décoré, en réserves blanches, d'ornements variés.

Raku

187. — Un bol plat, très ouvert, en poterie, à couverte brun olive.

Raku

188. — Un bol en poterie rouge, de forme cabossée.

Raku

189. — Un bol en poterie rosée, décoré, en réserve, de poésies.

Raku

190. — Un bol en poterie rosée, portant au revers le cachet de Raku.

191. — Un petit bol en poterie rosée décoré en émaux polychromes de fleurettes variées.

Raku

192. — Petit pot à thé, l'épaulement supportant quatre anses boucles, en poterie à couverte brune très brillante, décoré en relief de fleurettes.

Haut. 0 m. 09

193. — Un bol en poterie à couverte noire avec réserves blanche et chagrinée.

Raku

194. — Petite boîte à fard, en poterie moderne de Raku, décoré sur le couvercle d'un cerf accroupi.

195. — Un bol à thé en poterie à couverte saumon.

Raku — Diam. 0 m. 11

196. — Petit pot de forme cabossée, à couverte brune marbré jaune.

Cachet de Raku — Diam. 0 m. 08

197. — Petit pot portant trois anses boucles, à couverte saumon, marbre noir. Couvercle en ivoire.

Cachet de Raku — Diam. 0 m. 09

198. — Un bol en poterie de Raku, à couverte saumon piqueté noir.

Par Chojiro — Diam. 0 m. 12

---

## DIVERS

199. — Sept bols à thé, en poteries diverses.

Modernes

200. — Quatre bols en poteries diverses, à couvertes flammées.

Modernes

201. — Un bol en poterie, à couverte flammée.

202. — Un bol en poterie moderne, à jolie couverte flammée.

203. — Un bol en poterie, partiellement émaillé, à couverte noire, décoré, en réserve blanche, du Fuji-Yama.

Cachet de Yeiraku — Diam. 0 m. 11

204. — Boîte à fard, ayant l'apparence d'une tortue, en poterie partiellement dorée.

Cachet de Yeiraku

205. — Un plat creux en poterie japonaise, décoré, sur fond jaune, d'une branche d'aubergine à émaux verts et aubergines. Le marli est décoré en relief alternativement en émaux jaunes et aubergines, de lions chimériques et de poissons.

Cachet de Yeiraku — Diam. 0 m. 34

206. — Un bol de forme cabossée, en poterie coréenne, à couverte noire, décoré, en réserves, d'émaux blancs et rouges, de motifs irréguliers.

Corée

207. — Un bol en poterie coréenne, à couverte grise, décoré, près du pied, de petites canelures.

208. — Un bol en poterie de Michima, à couverte grise, décoré d'une zone de lignes blanches transversales.

209. — Un bol en ancienne poterie de Michima (Corée), à couverte vert olive, décoré sous couverte de traits blancs disymétriques.

Diam. 0 m. 12

210. — Un bol en poterie à couverte crème.

Cachet de Siognu

211. — Un bol en poterie de Michima, à couverte grise (restauré au laque d'or).

Diam. 0 m. 22

212. — Un bol, de forme cabossée, en poterie grise.

Corée — Diam. 0 m. 15

213. — Un bol, de forme haute en poterie, à couverte noire, avec réserves blanches représentant un vol d'oies.

Cachet de Rokubeï — Diam. 0 m. 10

214. — Une bouteille en forme d'un disque surmonté d'un petit goulot court, décorée en réserves blanches d'un rayonnement et de fleurettes.

Michima — Haut. 0 m. 23

215. — Un bol en poterie à couverte grise et à surface rugueuse.

Takatori

216. — Une urne, le col portant deux anses boucles, en terre durcie (Aïnos).

Haut. 0 m. 15

## KOGO

217. — Kogo, représentant un oiseau accroupi, en poterie de Seto, à reflets irisés.

Attribué à Toshiro

218. — Kogo, par *Ninséï*, représentant Hoteï demi-nu, un écran à la main.

219. — Kogo, par *Dohachi* : Ozume en robe de cour.

220. — Kogo, par *Kinya* : Ozume accroupie.

221. — Kogo, de Kochiyaki : Chimère accroupie.

222. — Kogo en poterie, le couvercle décoré d'une grue stylisée.

223. — Kogo en forme d'une théière, représentant une tortue marine. *Kochiyaki.*

224. — Kogo en poterie de *Imbeï*, représentant un personnage assoupi.

225. — Kogo en poterie de *Raku*, représentant un champignon.

226. — Kogo, à couverte brune, représentant une chimère. *Kochiyaki.*

227. — Kogo en poterie. Canard mandarin.

228. — Kogo en poterie de *Akata*, représentant Ozume, un éventail à la main.

229. — Kogo, en forme d'une boîte pentagonale, décoré d'émaux bruns, par *Ogata Kenzan*.

230. — Mizuire (godet à eau) en poterie de Satsuma : la promenade du shishi.

231. — Kogo en poterie jaune, imitant un fruit cotelé. *Kochiyaki*.

232. — Kogo en poterie, en forme d'une petite boîte à décor fleuri. *Kochiyaki*.

233. — Kogo en grès de *Bizen*, Enfant et grelot.

234. — Kogo en poterie, par *Sogiso*. Chimère laquée or et peinte.

235. — Kogo en porcelaine de *Kutani*. Canard mandarin.

236. — Kogo, le couvercle décoré de Daruma, son chasse-mouches à la main, par *Ninseï*.

237. — Kogo en porcelaine bleu et blanc de *Hirado*.

238. — Kogo en grès de *Bizen*, représentant une chimère accroupie.

239. — Kogo en poterie de *Raku*. Le renard devenu berger.

240. — Kogo en biscuit de *Banko*, représentant une tortue de longévité.

241. — Kogo en porcelaine de *Hirado*, représentant Daruma dans son sac.

242. — Kogo en poterie coréenne craquelée, en forme d'un petit vase à surface ciselée en relief, de fleurs stylisées.

243. — Deux Kogo en porcelaine de *Hirado*, représentant des oiseaux.

244. — Kogo en poterie, représentant un canard mandarin : à l'intérieur un petit plateau supporte un autre oiseau. *Kochiyaki*.

245. — Kogo en porcelaine d'*Imari*, en forme d'une gourde à double panse.

246. — Kogo en poterie *Kachiyaki*, représentant un fruit sur lequel rampe un crabe.

247. — Kogo en ancien *Imari* bleu et blanc, en forme d'une petite boîte sur laquelle est accroupi un bœuf.

248. — Kogo en poterie de Ochiyaki, en forme d'un fruit.

249. — Kogo en biscuit de Kiushiu, à couverte bleu turquoise. Chimère accroupie.

250. — Kogo en poterie, par *Ninseï*, représentant Ozume.

251. — Kogo, en forme d'une petite boîte, décoré d'un lapin dans les herbes, au clair de lune, par *Kenzan*.

252. — Kogo en porcelaine céladon, représentant *Fukurokujiu.*

253. — Kogo en porcelaine de *Hirado*, représentant un poisson lune.

254. — Kogo en porcelaine de *Hirado*, représentant une chimère accroupie.

255. — Kogo en poterie, par *Sogiro*. Chimère laquée or et peinte d'un petit paysage.

256. — Kogo en porcelaine de *Hirado*, représentant un fruit cotelé.

257. — Kogo en *Bizen vert*, représentant le dieu de la longévité accroupi.

Très jolie pièce

258. — Kogo en poterie par *Sado Kinzan*, représentant Hotei, accroupi dans son sac.

259. — Kogo montrant également Hotei, mais en poterie de *Raku*, signé *Yoshiyuki.*

260. — Kogo, *Kioyaki*, montrant le dieu de la longévité.

261. — Très joli Kogo en poterie par *Ninsei*, offrant un oiseau aux plumes jaunes et aux ailes aubergines.

262. — Chaire en poterie, par *Kinkozan.*

263. — Koro en poterie, *Oribe yaki*. Couvercle argent natté.

264. — Figure en porcelaine de *Kioto*, représentant Fukurokujiu lisant un makémono.

265. — Figure en poterie de *Hirado*, représentant la poétesse Komachi, devenue vieille.

266. — Figure en poterie *Koyaki*, représentant un personnage accroupi.

267. — Petit vase en poterie de *Ninsei*, à décor de carrelages et de fleurettes. Couvercle en bois laqué.

268. — Boîte en porceaine céladon, avec couvercle ivoire.

269. — Boîte à fard en poterie crème craquelé, représentant un canard nageant, par *Ninsei.*

270. — Groupe en poterie de *Satsuma*, représentant Kenzan et Jittoku.

271. — Koro en poterie, par *Ninsei*, avec couvercle argent.

272. — Koro en porcelaine de *Hirado*, représentant un fruit enfeuillagé. Joli couvercle en argent ajouré et gravé.

273. — Koro en porcelaine de *Satsuma*, à couverte arlequin, avec couvercle en shakudo ajouré.

274. — Koro de forme tubulaire en poterie rosée de Raku. Couvercle en argent ciselé de chrysanthèmes.

Jolie piece

275. — Koro, de forme tubulaire, en poterie coréenne gris verdâtre. Couvercle ivoire.

276. — Petite figure de Daruma debout, en poterie polychrome.

277. — Boîte à fard en porcelaine décorée aux armes de l'Espagne et couverte de lettres romaines.

278. — Petite figure en poterie, représentant Daïkoku.

279. — Deux boîtes à fard, représentant des oiseaux.

280. — Un groupe en poterie par *Goemon*. Okame et un ami.

281. — Un lot de petites pièces en porcelaine et en poterie.

282. — Petit Koro en ancienne porcelaine de Satsuma, représentant Fukurokujiu, le dieu de la longévité, déroulant un makémono, assis sur le dos de la tortue sacrée.

Diam. 0 m. 06

---

## KENZAN

283. — Un bol en poterie de *Raku*, à couverte brune, avec réserves de chrysanthèmes et de feuilles de kiri.

Signé : Ogata Kinzan — Diam. 0 m. 11

284. — Un bol en poterie craquelé grise, décoré en camaieu et réserve de blanc, de feuilles de kiri, stylisées en armoiries.

Signé Kenzan — Diam. 0 m. 12

285. — Un bol en poterie Raku blan, à décor de fleurs diverses.

Signé Kenzan — Diam. 0 m. 21

286. — Coupe à gâteaux, couverte, en poterie Raku blanc, décorée de fleurs diverses, à émaux translucides.

Signé Ogata Kenzan — Diam. 0 m. 22

287. — Un petit bol décoré, sur fond de vagues stylisées, bleu, de poissons se jouant dans les flots.

Cachet de Kenzan — Diam. 0 m. 08

288. — Grand bol en poterie, décoré, sur fond crème, de bouquets fleuris. un massif de chrysanthèmes et extérieurement de petits personnages halant une barque.

Signé Kenzan — Diam. 0 m. 19

289. — Grand bol en poterie crème, décoré intérieurement d'un écureuil dans les chrysanthèmes et de feuilles de kiri.

Signé Ogata Kenzan Diam, 0 m. 21

## NABESHIMA

290. — Un très beau plat en ancienne porcelaine de Nabeshima, décoré d'un magnifique bouquet de chrysanthèmes et de pivoines.

Diam. 0 m. 32

291. — Un plat en porcelaine de Nabeshima, le marli dentelé, décoré en relief d'une dorade et de fleurettes.

Diam. 0 m. 30

292. — Une assiette en porcelaine de Nabeshima, décorée d'ornements s'entrecroisant, semés de feuilles de kiri en armoiries.

Diam. 0 m. 20

293. — Assiette en porcelaine de Nabeshima, décorée sur un fond de fleurs de cerisiers rouges, de pins, de bambous et de trois perles Tama.

Dinm. 0 m. 20

294. — Une assiette en porcelaine de Nabeshima, décorée, en émaux polychromes, d'iris dans l'étang.

Diam. 0 m. 20

295. — Une assiette en porcelaine de Nabeshima, décorée, en émaux polychromes, du décor sho-shiku-baï (pins, bambous, et cerisiers en fleurs), réunion symbolique du bonheur.

Diam. 0 m. 20

296. — Un vase pitong, de forme tubulaire, en porcelaine de Nabeshima, décoré, en émaux rouge et or, de bouquets de crhrysanthèmes. Couvercle en argent ajouré et ciselé de chrysanthèmes accolés.

Haut 0 m. 11

297. — Une assiette creuse en porcelaine de Nabeshima, décorée au centre d'une chimère jouant avec une sphère et au marli d'une zone de fleurs en émaux bleus et corail.

Diam. 0 m. 20

298. — Une assiette creuse en ancienne porcelaine de Nabeshima, décorée de bouquets d'herbes d'automne et de branches d'érables.

Diam. 0 m. 20

299. — Une assiette creuse en ancien Nabeshima, décorée d'une corbeille fleurie.

Diam. 0 m. 20

300. — Un plat creux à marli droit, en ancienne porcelaine de Nabeshima, décoré, sur fond blanc, d'une corbeille fleurie.

Diam. 0 m. 30

301. — Deux assiettes formant pendant, en porcelaine de Nabeshima, à décor canelé.

Dinm. 0 m. 20

302. — Plat en porcelaine de Nabeshima, décoré, sur fond céladon, de motifs bleus.

Diam. 0 m. 26

303. — Petit bol, de forme évasée, en porcelaine blanche, décoré de coqs et de poules.

304. — Garniture de cinq bols en porcelaine de Nabeshima, à décor de branches d'érable.

305. — Une assiette en porcelaine de Nabeshima, décorée d'un bouquet de pivoines et de branches de cerisiers.

Diam. 0 m 20

## KAGA

306. — Petit brûle-parfums de forme octogonale, en porcelaine décorée en or sur fond corail, avec réserves sur chaque face de petits médaillons à paysages variés. Couvercle en porcelaine surmonté d'une feuille et ajouré de quatre cœurs.

Porcelaine de Kag. XVIII$^e$ Siècle — Diam. 0 m. 13

307. — Petit brûle-parfums de forme rectangulaire, décoré sur fond vert pointillé noir de fleurettes stylisées, en émaux rouges et or. Couvercle de même décor, surmonté d'une petite gourde réservée en blanc.

Province de Kaga XVIII$_e$ Siècle — Diam. 0 m. 07

308. — Grand bol, de forme évasée à bord dentelé, décoré sur fond corail de motifs floraux, avec réserves de quatre petits médaillons de paysages. A l'intérieur, un médaillon représentant une tortue marine sortant des flots.

Province de Kaga — Diam. 0 m. 20

## BIZEN

309. — Brûle-parfums en ancien grès de Bizen vert, représentant Hotei accroupi, demi-nu et souriant. Au dos le cachet du potier *Tei-ichi*.

Très jolie pièce de couverte rare — Haut. 0 m. 10

310. — Grand brûle-parfums, en ancien grès de Bizen, représentant Hotei accroupi et souriant béatement.

Très belle patine brune — Haut. 0 m. 45

311. — Statuette en ancien grès de Bizen, représentant un personnage dansant.

Haut. 0 m. 24

312. — Petit brûle-parfums en grès de Bizen, imitant une jarre à saké que soulèvent trois shojo, servant de pieds. Couvercle en argent ajouré, surmonté de deux cuillères à saké.

Haut. 0 m. 11

313. — Figure en ancien grès de Bizen, à patine très brillante, représentant Fukurokujiu, souriant, la main droite élevant une coupe.

Haut. 0 m. 25

314. — Statuette en ancien grès de Bizen, représentant Hotei, souriant, appuyé sur un long bâton.

Cachet de Denko — Haut. 0 m. 25

## HIRADO

315. — Groupe en ancienne porcelaine de Hirado, représentant un enfant jouant de la flûte sur le dos d'un bœuf.

Haut. 0 m. 20

316. — Petit brûle-parfums en ancienne porcelaine blanche de Hirado, représentant un philosophe sur un buffle.

Haut. 0 m. 18

317. — Deux petites figurines, représentant des enfants jouant, en porcelaine de Hirado.

Haut. 0 m. 08

318. — Petite figurine en porcelaine de Hirado, représentant un petit garçon assis sur un bœuf accroupi, symbole de la parfaite quiétude.

Diam. 0 m. 08

## KIOTO

319. — Un bol de forme tubulaire, rayé rouge, décoré en relief de petits personnages dansant.

Kiyoyaki

320. — Petite figure en poterie Kiyoyaki, représentant un personnage, un sabre à la main, transperçant une étoffe.

321. — Une figure en poterie, finement sculptée, représentant la Kwannin de la Mer, tenant dans les mains un panier de fruits.

Kioto — Haut. 0 m. 40

322. — Figure en poterie de Kioto, représentant Okame.

Hauf. 0 m. 00

323. — Figure en poterie de Kioto, représentant Daruma, accroupi, les jambes repliées sous lui, les mains ramenées dans le giron.

Cachet inscrit dans un motif représentant un brûle-parfum — Haut. 0 m. 40

386

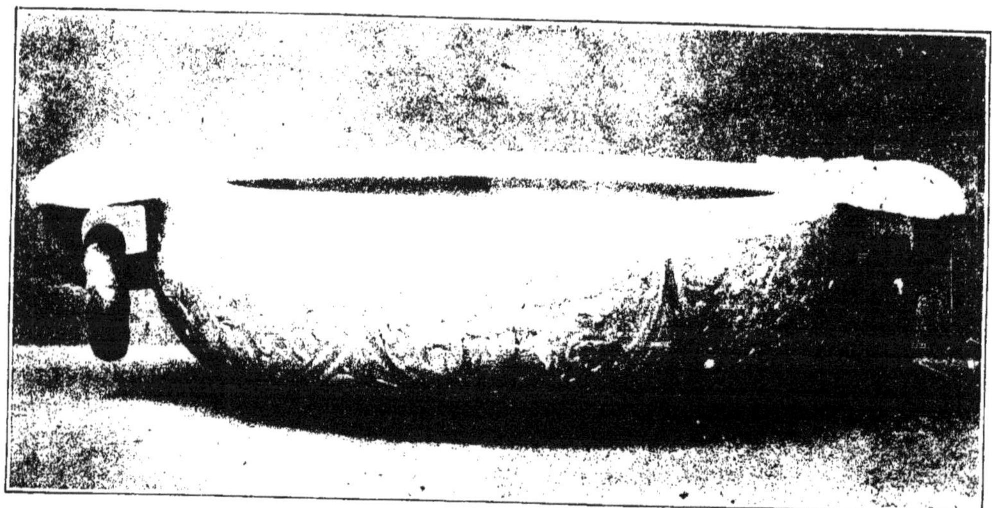

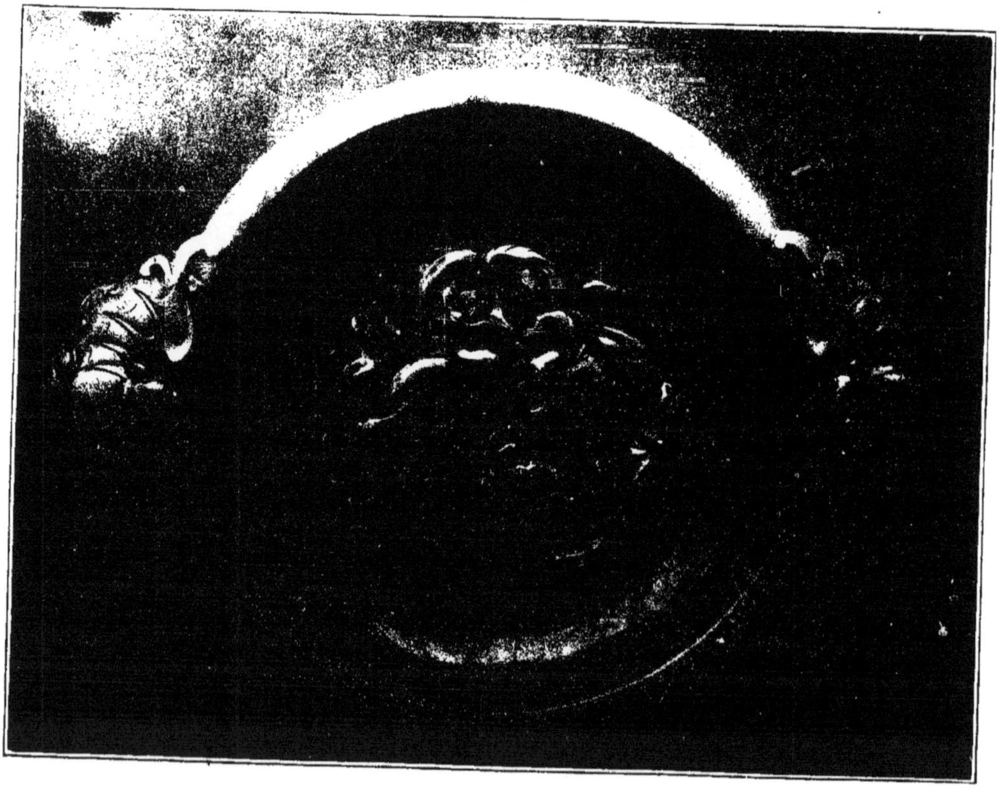

## MAKUZO

324. — Sucrier couvert en porcelaine céladon, le couvercle décoré en haut-relief d'un bouquet de chrysanthèmes

Makuzo

325. — Petit vase à panse évasée, décoré sur fond de fantaisie de vagues d'iris en fleurs.

Cachet au dos Makuzo Haut. 0 m. 07

326. — Bol en porcelaine flambée.

Makuzo

327. — Petite bouteille à vin, décorée, sur fond capucine, de dragons dans les nuages

Cachet de Makuzo Haut. 0 m. 12

---

## DIVERS

328. — Bol pentalobé, en porcelaine d'Ovari, à couverte céladon, ayant l'aspect d'une fleur épanouie; décor de médaillons fleuris.

Diam. 0 m, 23

329. — Petit brûle-parfums minuscule, en porcelaine bleu et blanc de Ovari, à décor d'herbes d'automne. Couvercle en porcelaine treillagé.

Diam. 0 m. 05

330. — Grand plat en poterie de Bishui, dite « Inuyama », à décor de nombreux personnages.

Diam. 0 m. 45

331. — Boîte en poterie Kochi Yaki, représentant une sorte dauphin.

332. — Grand bol en poterie de Banko, à décor de chrysanthèmes entourant le caractère du bonheur.

Cachet de Banko

333. — Bol, de forme évasée en poterie à couverte blanche, décoré, en émaux verts, rouges et or, de fleurs de cerisiers et de feuilles d'érables.

Diam. 0 m. 11

334. — Bol de forme haute en porcelaine bleu et blanc, décoré successivement de panneaux bleus à réserves blanches de branches de cerisiers, et de panneaux blancs offrant des dragons. Le décor se poursuit à l'intérieur du bol.

Au dos une marque de potier Diam. 0 m, 12

335. — Bouteille de forme quadrilatérale en porcelaine rouge corail, décorée aux laques d'or et d'argent d'un phénix et de fleurs. Le fond de la bouteille semble avoir été argenté?

Haut. 0 m. 21

336. — Petite coupe libatoire, en porcelaine craquelée, décorée, en émaux rouges, de dragons au milieu de rinceaux fleuris.

Haut. 0 m. 08

337. — Un bol, de forme évasée, en porcelaine blanche, décoré, en émaux polychromes rehaussés d'or, d'une scène de bataille.

Signé Bouyen de Kioto — Diam. 0 m. 17

338. — Grand vase en porcelaine flambée, décoré en relief de beaux chrysanthèmes s'enlevant en notes claires sur le fond sombre du vase.

Haut. 0 m. 48

339. — Grand vase à panse tubulaire, en porcelaine blanche, décoré en relief d'émaux bleus, d'oiseaux et de chrysanthèmes.

Haut. 0 m. 49

340. — Bol en porcelaine bleue, décoré, en polychromie, de branches de pivoines.

Diam. 0 m. 09

341. — Petit bol très évasé, en porcelaine blanche, avec décor de fleurettes, en émaux translucides.

Diam. 0 m. 10

342. — Bol, de forme tubulaire, en porcelaine bleu et blanc, à décor de facettes opposées.

Haut. 0 m. 20

343. — Figure en poterie, représentant Daruma accroupi, son chasse-mouches à la main.

344. — Bol en poterie brune, à décor de fleurs en légers reliefs d'émaux polychromes.

345. — Vase-applique, représentant Shoki terrassant un oni.

346. — Figure en poterie brune, représentant le Sennin Gama avec son crapaud.

Diam. 0 m. 20

347. — Groupe en poterie, représentant une cigale sur un concombre.

348. — Petit pot à thé en poterie coréenne, à couverte rugueuse brune. Couvercle ivoire.

349. — Grand bol, à décor de fleurettes en émaux bruns.

Diam. 0 m. 20

350. — Figure en poterie, représentant un garçonnet debout tenant un jeune chien.

Haut. 0 m. 30

351. — Figure en poterie brune, représentant un personnage barbu assis près du sac aux takaramono.

Haut. 0 m. 35

352. — Figure en poterie, représentant un personnage accroupi, tenant un chawan et un ornement.

Haut. 0 m. 20

353. — Cache-pot à couverte bleuté, avec décor camaieu.

Diam. 0 m. 25

354. — Gourde à double panse, en porcelaine bleu et blanc, à décor de paysage.

Haut. 0 m. 44

355. — Un cornet en porcelaine rouge corail, décoré à l'or de branches de bambous.

Haut. 0 m. 29

356. — Vase gargoulette, la panse formée par un bulbe de fleurs.

Haut. 0 m. 32

357. — Vase, la panse formée de dix facettes, à couverte rouge flambée.

Haut. 0 m. 32

358. — Une assiette en faïence hollandaise, décorée au Japon.

Diam. 0 m. 23

359. — Une statuette en poterie, par Goémon, représentant Okame, dansant.

Haut. 0 m. 22

360. — Une coupe à sacrifice, en poterie flambée de Tomita.

361. — Figure en poterie de Takatori, représentant Hotei, demi-nu, accroupi contre son sac aux richesses.

Diam. 0 m. 24

362. — Une petite coupe couverte, en poterie noire, décorée de petits panneaux en réserves ornés de caractères.

Japon XVIII$^e$ Siècle — Haut. 0 m. 09

363. — Un bol en porcelaine bleu et blanc, à décor d'oiseaux variés.

Japon — Diam. 0 m. 19

364. — Un bol en porcelaine cloisonnée, à décor d'ornements divers stylisés.

Japon — Diam. 0 m. 12

365. — Deux vases, partiellement émaillés bleu, décorés en relief de petits personnages.

Haut. 0 m. 28

366. — Petite coupe couverte, à décor d'enfants jouant.

367. — Petit vase en forme de gourde, à double panse, décoré, sur fond crème, d'oiseaux et de fleurs.

Japon XIX$^e$ Siècle — Haut. 0 m. 13

368. — Figure en poterie de Oniwa, représentant Benton, debout, une fleur de lotus à la main.

Haut. 0 m. 33

369. — Figure en poterie de Oniwa, représentant un shojo dansant.

Haut. 0 m. 30

370. — Un vase de suspension, en poterie brune, décoré au col d'une zone de fleurettes en émaux rouges sur fond blanc.

Poterie Yatsushiro Haut 0 m. 18

371. — Un plat creux, décoré par Kakiémon, sur fond de porcelaine blanche, d'un lion chimérique entouré de deux zones de motifs fleuris.

Diam. 0 m. 36

372. — Une assiette plate, décorée en réserve sur fond vermiculé rouge, d'un paon et de pivoines en fleurs.

Diam. 0 m. 22

373. — Cuvette, à marli dentelé, en porcelaine bleu fouetté, décorée, en réserve, de petits médaillons fleuris en émaux polychromes.

Fin du XVIIIe Siècle Diam. 0 m. 28

374. — Brûle-parfums en ancienne poterie de Seto, représentant un coq. Couverte gris brun, rehaussée de rouge.

Jolie pièce XVIIIe Siècle Haut. 0 m. 24

375. — Une bouteille, à panse tubulaire et cabossée, en poterie, à couverte flammée, de Takatori.

Haut. 0 m. 18

376. — Vase-applique, en forme de hibou, en poterie blanche.

Haut. 0 m. 18

377. — Grand plat, en forme de Yedo (Sumidagawa), décoré à l'intérieur de Benten, accompagné d'un petit serviteur.

Au dos une inscription et la date Kwansei 1789 Diam. 0 m. 40

378. — Statuette en terre cuite, dite Hakayaki (fabriquée à Haka, province de Etshigo), représentant le dieu Ebisu accroupi et souriant, faisant de la main gauche le geste d'appel familier aux Japonais.

Début du XVIIIe Siècle Haut. 0 m. 45

379. — Une assiette en porcelaine bleu décorée, en réserves blanches, de quatre grues au milieu des nuages.

Japon XVIIIe Siècle Diam. 0 m. 21

380. — Bol en poterie d'Izume, décoré, sur fond crème, de branches de chrysanthèmes.

Diam. 0 m. 12

381. — Petit tchaire (pot à thé), en poterie de Séto, à couverte brune. Couvercle ivoire.

382. — Groupe en poterie, représentant un chat guettant deux souris grimpées sur un ballot de riz.

383. — Boîte en poterie, imitant un coffre à armure, le couvercle surmonté d'un casque.

390

392

395

388

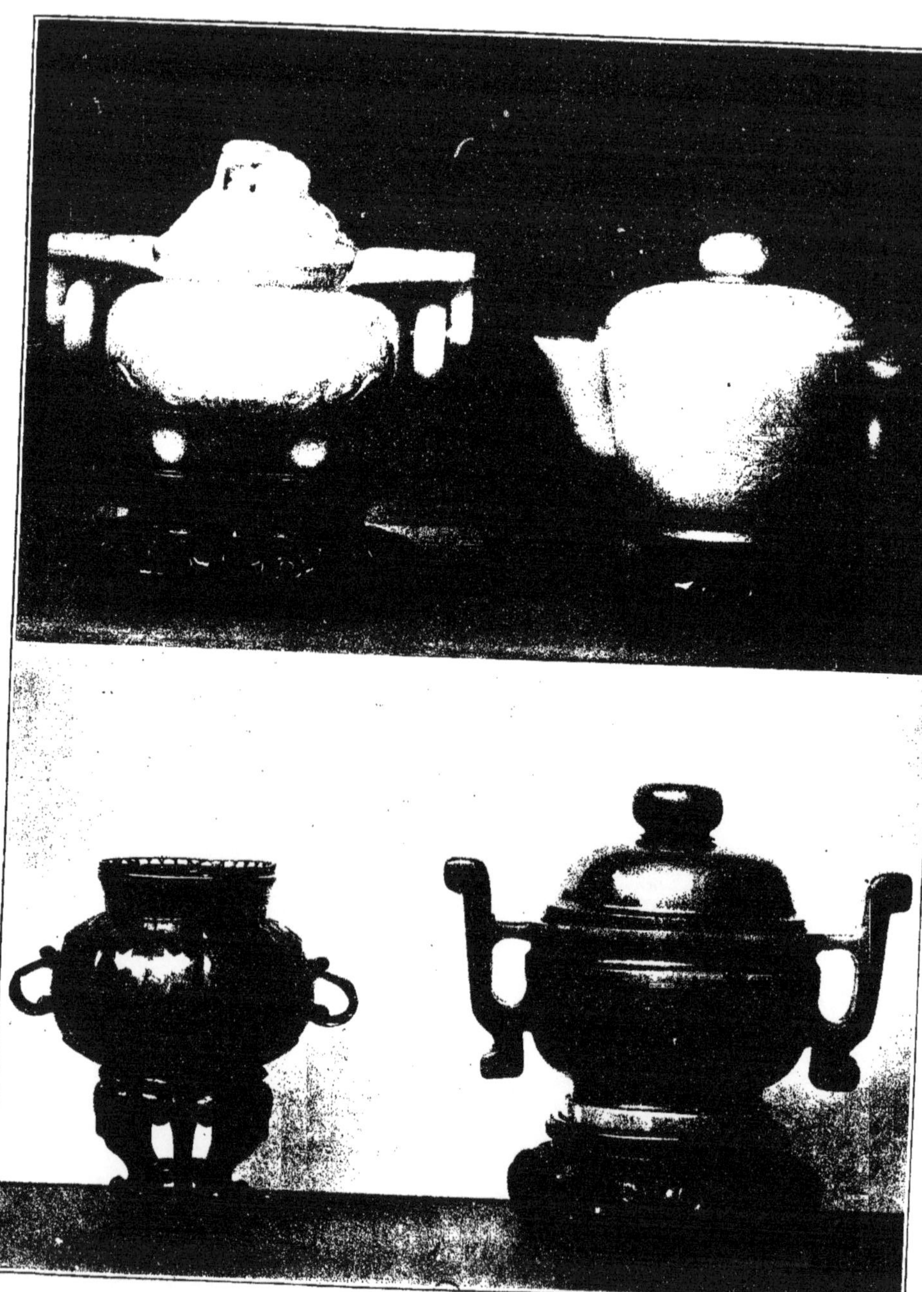

384. — Deux vases en forme de cornet.

Haut. 0 m. 30

385. — Un lot de cinq petites théières, en poteries variées.

# JADES

386. — Très belle coupe en jade blanc verdâtre, décorée à l'intérieur d'un médaillon de pêches de longévité; elle supporte deux anses sculptées en chauves-souris, avec anneaux mobiles pris dans la masse. Sur le pourtour, un décor très soigné d'ornements stylisés et de symboles bouddhiques.

« *Les dates, pour les pierres dures, étant fort difficiles à définir d'une façon absolument exacte, comme le nécessite un catalogue de vente, celles figurant ici ne doivent être prises que comme une indication.* »

Epoque Kienlong — Diam. 0 m. 28

387. — Vase porte-bouquets, en jade verdâtre, représentant une carpe dressée sur sa queue. *Socle en bois de fer.*

Haut. 0 m. 20

388. — Très beau brûle-parfums en jade olivâtre, sans aucune sculpture, portant simplement deux anses. *Socle en bois de fer.*

Epoque Ming — Diam. 0 m. 16

389. — Groupe en jade olivâtre, représentant un cheval et un singe. *Socle en bois sculpté et ajouré.*

Diam. 0 m. 15

390. — Très beau brûle-parfums tripode, en jade blanc ivoirin, affectant la forme d'un bronze. La panse est décorée, sur un fond de grecques, de motifs chimériques à taotié. Le couvercle est décoré d'une chimère et de nuages. Deux anses, à l'épaulement, figurent des têtes de taotié, avec anneaux mobiles pris dans la masse. *Très beau socle en bois sculpté.*

Epoque Ming — Diam. 0 m. 16

391. — Groupe en jade blanc, représentant un vase à panse aplatie, dont deux chimères tentent l'escalade. Couvercle surmonté d'une chimère. *Socle en bois sculpté.*

Haut. 0 m. 20

392. — Jolie théière en jade blanc, formée d'une sorte de coupe creuse, sculptée d'iris et de papillons. Anse avec anneau mobile. Déversoir formé par une petite chauve-souris. Couvercle sculpté d'iris et de nuages et surmonté d'une sorte de bouton de fleur, pris dans la masse. *Beau socle en bois sculpté.*

Epoque Kienlong — Haut. 0 m. 11

393. — Boîte de forme **quadrilatérale, en jade** blanc à nuages bleutés, décorée sur les quatre faces **de scènes champêtres**. Couvercle à coulisse, sculpté d'un médaillon et du signe **du bonheur**. *Socle en bois habilement sculpté.*

Long. 0 m. 10

394. — Coupe creuse, en jade blanc verdâtre, sculptée à l'intérieur, en haut-relief, d'un médaillon d'iris en fleurs. Sur le pourtour, un décor de grues dans les herbes aquatiques. Deux anses en forme d'animaux chimériques, avec anneaux mobiles.

Diam. 0 m. 23

395. — Très joli petit brûle-parfums, parfaitement évidé, représentant un chrysanthème stylisé, la panse cotelée, supportant deux anses ajourées. Couvercle en argent natté. Pièce faite en Chine pour l'Exportation persane. *Socle en bois sculpté.*

Jolie pièce — Diam. 0 m. 12

396. — Petit vase de forme élancée, le col portant deux anses tubulures, cerclé sur la panse de motifs à taotié.

Haut. 0 m. 13

397. — Petit vase à panse aplatie, décoré, en haut-relief, de salamandres poursuivant la perle sacrée. Anses quadrangulaires supportant des anneaux mobiles Bouchon même matière.

Haut. 0 m. 15

398. — Petit vase à panse large et aplatie, finement sculpté de palmes et de motifs de taotié. Deux anses en têtes d'éléphants. Jade blanc verdâtre. Bouchon même matière.

Haut. 0 m. 13

399. — Vase, de forme élancée, décoré sur la panse de deux têtes d'ogres taotié, et sur le col de palmes. Deux anses en forme de sceptres. Jade blanc verdâtre. Bouchon même matière.

Haut. 0 m. 17

400. — Coupe libatoire, en jade blanc, finement évidée et sculptée sur la panse d'arêtes en saillie et de motifs à taotié. Anse quadrilatérale à tête de taotié. *Socle bois sculpté.*

Epoque Ming — Diam. 0 m. 12

401. — Petit vase à panse légèrement aplatie, délicatement sculpté de deux bouquets fleuris stylisés. Deux charmantes anses supportant des anneaux mobiles pris dans la masse. Bouchon en forme de chrysanthème stylisé. Jade blanc verdâtre.

Haut. 0 m. 10

402. — Groupe en jade très blanc, représentant un personnage barbu et un enfant.

Haut. 0 m. 10

403. — Vase à panse aplatie, de forme **quadrilobée**, portant deux anses à tête d'éléphants avec **anneaux mobiles** et deux mascarons à taotié avec anneaux fixes. Couvercle en bois finement ajouré et surmonté d'un cabochon d'agate. Jade blanc verdâtre.

Haut. 0 m. 12

404. — Groupe en jade blanc, représentant deux personnages en barque (sur une feuille de thé). *Socle en bois finement sculpté* imitant les flots de la mer.

Diam. 0 m 12

405. — Coupe creuse, en jade blanc verdâtre, représentant un fruit enfeuillagé, aux branches sculptées en haut-relief détaché.

Diam. 0 m. 14

406. — Petit vase sculpté, en forme d'une fleur aquatique. Jade blanc verdâtre. *Socle en bois sculpté.*

Haut. 0 m. 12

407. — Petit vase de forme balustre, en jade blanc laiteux, portant une très grande anse de suspension. La panse est décorée de motifs à taotié.

Haut. 0 m. 11

408. — Petit vase en jade brun, imitant une fleur aquatique. *Socle en bois sculpté.*

Haut. 0 m. 11

409. — Petite coupe en forme d'une fleur de lotus. Jade blanc finement évidé.

Diam. 0 m. 11

410. — Très belle plaque, de forme convexe, sculptée, en très haut-relief, d'un dragon serpentant au milieu de fleurs stylisées. Jade blanc verdâtre très pur.

Diam. 0 m. 14

411. — Ornement en forme d'une rosace octolobée, en jade blanc, à nuages bruns. *Socle en bois sculpté.*

Haut. 0 m. 15

412. — Petit vase, de forme tubulaire, en jade verdâtre, sculpté de dragons au milieu des nuages. Deux mascarons à taotié supportent des anneaux fixes. Bouchon et *socle* même matière.

Haut. 0 m. 11

413. — Groupe en jade verdâtre, sculpté de deux enfants tentant de soulever une énorme citrouille enfeuillagée, sur laquelle s'est réfugiée une chauve-souris. *Socle en bois sculpté.*

Haut. 0 m. 15

414. — Coupe creuse, en forme d'un losange, sculptée d'une feuille aquatique où s'est réfugié un serpent, au grand effroi d'un singe et d'une chauve-souris. *Socle en bois sculpté.*

Diam. 0 m. 11

415. — Coupe creuse, imitant une feuille aquatique. *Socle en bois sculpté.*

Diam. 0 m. 08

416. — Cendrier formé d'une coupe plate, le bord gravé d'une grecque. *Socle en bois sculpté.*

Diam. 0 m. 10

417. — Petite coupe en jade blanc verdâtre, gravée de motifs fleuris. Elle porte deux anses détachées, joliment sculptées. Couvercle en bois ajouré et niellé, avec bouchon d'agate.

Diam. 0 m. 11

418. — Karako, béatement étendu sur une feuille de thé. *Socle en bois sculpté.*

Diam. 0 m. 07

419. — Cheval accroupi, en jade vert.

Diam. 0 m. 08

420. — Joli petit vase, sculpté à la base d'un chrysanthème épanoui, sur la panse, de motifs à taotié, et au col, d'une zone de grecques. Huit anses boucles. Bouchon même matière.

Haut. 0 m. 08

421. — Chimère, en jade jaune ambré. *Socle en bois sculpté.*

Diam. 0 m. 08

422. — Petit personnage, debout, portant un sceptre.

Haut. 0 m. 08

423. — Petit vase à panse aplatie, sculpté de faces de taotié. Deux anses en têtes d'éléphants.

Haut. 0 m. 06

424. — Animal et ses petits.

Diam. 0 m. 05

425. — Deux petits personnages dansant près d'une énorme jarre.

Haut. 0 m. 06

426. — Ornement en forme de fruit enfeuillagé, sur lequel est posé un papillon.

Haut. 0 m. 08

427. — Petit personnage couché, jouant avec un jeune chat.

Diam. 0 m. 07

428. — Petite coupe, finement évidée, flanquée de deux anses à tête de salamandre.

Jade blanc verdâtre — Diam. 0 m. 10

429. — Petit groupe en jade blanc, représentant une gourde enfeuillagée.

Haut. 0 m. 06

430. — Deux petits personnages debout près d'un panier.

Haut. 0 m. 06

431. — Crapaud sur une feuille de lotus.

Diam. 0 m. 06

432. — Petit godet à eau, formé d'une coupe tripode en jade blanc taché vert émeraude.

Diam. 0 m. 06

433. — Autre petit godet à eau, en forme de coupe creuse.

Diam. 0 m. 06

434. — Jolie tabatière, formée par un fruit enfeuillagé. Bouchon en malachite sculpté d'un petit personnage.

Haut. 0 m. 07

435. — Une boucle de ceinture à décor clouté.

Diam. 0 m. 11

436. — Groupe en jade blanc, sculpté de deux poissons.

Diam. 0 m. 07

437. — Petit personnage debout portant un sceptre.

Haut. 0 m. 07

438. — Autre petit personnage portant une lanterne et une branche fleurie.

Haut 0 m. 07

439. — Deux petits personnages, dont l'un porte une branche fleurie, jouant avec un chat.

Haut. 0 m. 06

440. — Boucle de ceinture en jade blanchâtre, sculpté d'un dragon et d'une salamandre affrontés.

Diam. 0 m. 12

441. — Petit vase à panse aplatie, portant deux anses détachées.

Haut. 0 m. 07

442. — Petit crabe en jade blanc.

443. — Petit personnage dansant.

444. — Deux petits groupes en jade blanc.

445. — Hotei accroupi et dansant.

446. — Petit pendentif en jade blanc et jade gris, sculpté de petits personnages près d'un ruisseau.

447. — Pendentif en jade blanc ajouré de bambous.

448. — Tabatière en jade blanc, à panse quadrilatérale, avec bouchon de corail.

---

## CRISTAL DE ROCHE

449. — Petit vase balustre, en cristal de roche, décoré d'un médaillon avec le signe du bonheur; l'épaulement supporte deux anses ajourées. *Socle fixe même matière.*

Haut. 0 m. 12

450. — Godet à eau, en cristal de roche, représentant une chimère accroupie.

Diam. 0 m. 11

451. — Petit vase en cristal de roche, décoré du signe du bonheur et flanqué de deux anses ajourées. *Socle bois sculpté.*

Haut. 0 m. 08

452. — Cachet en cristal de roche, formé d'une base quadrilatérale, sur laquelle est accroupie une chimère.

Haut. 0 m. 10

## AGATES

453. — Godet à eau en agate jaune ambré, représentant un fruit enfeuillagé.

Diam. 0 m. 10

454. — Coupe à eau en agate jaune ambrée, représentant une fleur de lotus, épanouie.

Diam. 0 m. 09

455. — Godet à eau en agate ambrée, représentant le tronc d'un pin sectionné.

Diam. 0 m. 07

456. — Un lot de onze petits poissons lunes en cornaline rosée marbrée rouge ou blanc.

Sera divisé

457. — Une coupe à eau en calcédoine rouge et blanche, en forme d'une feuille aquatique.

Diam. 0 m. 10

458. — Un vase porte-bouquets en calcédoine rouge et blanche.

Haut. 0 m. 08

459. — Vase porte-bouquets en calcédoine rouge et blanche, imitant une tête de chimère.

Haut. 0 m. 10

460. — Coupe à eau en agate rouge, en forme d'une feuille.

Diam. 0 m. 09

461. — Petit vase à panse aplatie, en agate rosée, gravé de fleurettes stylisées.

Haut. 0 m. 11

462. — Petit vase à eau en quartz rose, portant deux anses à tête d'éléphant.

Haut. 0 m. 10

463. — Deux chiens en agate rosée.

464. — Petit personnage en calcédoine, représentant Fukorukujiu.

Haut. 0 m. 07

465. — Petit personnage en calcédoine, représentant Hotei accroupi contre son sac aux objets précieux.

Haut. 0 m. 04

466. — Autre petit personnage en calcédoine, représentant Fukurokujiu, une pêche à la main.

Haut 0 m. 06

467. — Petit singe accroupi, en calcédoine.

Haut. 0 m. 06

468. — Chimère accroupie, en calcédoine à peine teintée.

Diam. 0 m. 08

469. — Petit vase en calcédoine, représentant un fruit.

Haut. 0 m. 06

470. — Groupe en cornaline, représentant un poisson.

Diam. 0 m. 07

471. — Groupe en agate jaune ambrée, représentant un fruit enfeuillagé.

Haut. 0 m. 06

472. — Petit bloc en agate rouge, représentant une chimère.

Haut. 0 m. 08

473. — Bloc en agate rouge, représentant un animal accroupi.

474. — Petit crabe en cornaline.

475. — Petit bloc en calcédoine, représentant un fruit enfeuillagé.

476. — Chat accroupi sur une feuille. Calcédoine.

477. — Fruit enfeuillagé. Calcédoine.

478. — Petit vase en calcédoine, imitant un tronc de bambou.

479. — Groupe en calcédoine. Gourdes enfeuillagées.

480. — Chauve-souris sur un fruit.

481. — Petite figure en agate ambrée.

482. — Coupe à eau en forme d'une feuille.

483. — Petit personnage à califourchon sur un dauphin.

484. — Chimère accroupie.

485. — Tronc de cerisier. Calcédoine.

486. — Deux jolis pendentifs en agate rouge ajourée, représentant des enfants avec des bouquets ajourés.

487. — Six petites pièces en cornaline.

488. — Boule en cornaline.

489. — Flacon en améthyste, en forme d'un petit vase, à six faces gravées de motifs fleuris et de poésies.

Haut. 0 m. 09

490. — Petite coupe en agate claire, en forme d'une fleur cotelée.

Diam. 0 m. 08

491. — Petit vase en agate. Citron digité.

492. — Grappe de raisin. Agate brune.

493. — Petit pendentif en agate brune, sculpté, dans une veine noire, de petits personnages.

494. — Bloc d'orpiment, sculpté en forme d'un fruit.

---

# BOIS SCULPTÉS

495. — Très bel ensemble, en bois sculpté et doré comprenant six figures représentant :

Foughen, monté sur l'éléphant ; l'animal symbolique supporte le calice de lotus qui sert de siège à la divinité. Celle-ci, les mains jointes, dans l'attitude de la prière, est vêtue d'une ample robe et porte le haut chignon des Bodhisatwa.

Monjou, assis dans la même position, sur la chimère.

Les Shi-tenno, les quatre rois du ciel : Bichamon, à face bleue ; Zotcho, à figure blanche ; Jikiku, la face verte ; Komoku, « le roi aux grands yeux », gardien de l'Est, à face rouge, tous debout, armés de la pique et du glaive, et piétinant des démons.

Très bel ensemble, à jolie patine or, bruni par les encens.

XVIIe Siècle — Haut. 0 m. 80

496. — Statuette en Kanchitsu, représentant Kwannon, accroupi, vêtu de la robe indienne, laissant à découvert une partie du torse, les mains ramenés dans le giron, dans le geste de la charité. Très jolie patine d'or brun.

XVIIe Siècle — Haut. 0 m. 54

497. — Très jolie statuette d'influence chinoise, représentant une prêtresse assise, les mains jointes dans la prière. Les chairs finement laquées blanc tranchent sur le fond noir des vêtements.

XVIIIe Siècle — Haut. 0 m. 40

498. — Tête en bois, représentant le visage d'un Bodhisatwa, aux traits purs et réguliers, à l'expression douce et méditative.

Haut. 0 m. 49

---

# ARBRES NAINS

499. — Une collection de trente arbres nains du Japon, formée de thuyas (sorte de pins nains, restant toujours verts).

*(Ces arbres seront vendus le 15 mai à 3 h. 1/2.)*

500. — Numéros omis.

www.ingramcontent.com/pod-product-compliance
Ingram Content Group UK Ltd.
Pitfield, Milton Keynes, MK11 3LW, UK
UKHW022126260726
13993UKWH00003B/1260